女性FPが作った
やさしい教科書

今から
はじめる

理想の
セカンド
ライフを
叶える
お金の作り方

ファイナンシャルプランナー
藤井 亜也

三恵社

「あやちゃん、私、120 歳まで生きると思うの」

　お客様のＴさん（90 代：女性）は真剣に私にそう言いました。平日はお孫さんと遊び、週末はお友達と大好きなお買い物を楽しむＴさん。いつもオシャレで活動的なＴさんのような方が増えてきました。

　「平成 29 年簡易生命表の概況」によると、日本人の平均寿命は男性 81.09 歳、女性は 87.26 歳。60 歳や 65 歳で定年退職した後のセカンドライフ（定年退職後の第二の人生）は 20 年以上と、とても長いのです。

　Ｔさんのようにお元気な方も、長生きする上でのお金の心配はあります。すでにセカンドライフを過ごされている方からも資産運用のご相談は多いのです。

　皆さんはどのようなセカンドライフを送りたいですか？
　そのための準備はされていますか？

セカンドライフを「自分らしく生きる」ために、考えて
おくことや準備しておくことはとても重要です。

　特にお金に関してはファーストライフ（現役時代、現役
世代）のうちから資産形成をしておくことが大切です。

　セカンドライフには「何歳まで生きるか分からない」と
いう共通の問題があります。健康なのか、補助や介護が必
要なのか、体調や状況によっても異なります。

　しかし、既にセカンドライフを過ごされている先輩方に
学ぶことはできます。

　これまで私が個別カウンセリングや資産形成のサポート
で知り得た情報、様々な統計などをこの本に集約しました。
皆さんのセカンドライフを考えるヒントとなり、理想のセ
カンドライフのための資産形成の準備にお役立て頂ければ
幸いです。

はじめに

これまで多くの方から「お金」に関する相談を受けてきました。独立系ＦＰ（ファイナンシャルプランナー）として活動している私のところには様々なご相談がきます。

貯金や投資、家の購入や売却、節税や贈与・相続、働き方（副業・起業）とご相談の内容は十人十色。年代も20〜90代と幅広くご相談に来て頂いています。

今回、独立系FPとして様々なご相談に対応してきた私がこの本を書くきっかけになったのは、どの年代の方も「老後に不安を感じている」と実感したからです。

連載しているコラムはFPがアドバイスをする全分野で書いているのですが、「老後」「年金」などセカンドライフに関するキーワードが入ったコラムが圧倒的に読まれていることも分かりました。

本書は第1章〜第3章でセカンドライフの暮らし方や生き方について、第4章〜第6章で資産計画やお金について、第7章〜第8章では人生観、価値観についてお伝えしていきます。

特に第6章では、目標・目的の可視化をすることでご自身の理想のセカンドライフに必要なお金について試算することができます。

　（巻末ではセカンドライフに必要なことについて書き出せるメモを付録としてつけていますのでご活用ください）

　多くの方が不安を感じられている老後＝セカンドライフについて一緒に考え、少しでも不安を軽減し、理想のセカンドライフを計画できるノウハウをお伝えできればと思います。

　なお本書では、定年退職後の第二の人生を「セカンドライフ」、それ以前の現役時代、現役世代を「ファーストライフ」としています。

CONTENT

はじめに …… 4

暮らし方・生き方

第**1**章　はじめてのセカンドライフ

1．昔と今の違い …… 10

2．セカンドライフを考えるタイミング …… 15

3．将来設計はクリエーティブなお仕事 …… 21

第**2**章　理想的なセカンドライフの暮らし

1．理想の暮らし方、生き方とは …… 28

2．ファーストライフはセカンドライフのための準備期間 …… 31

3．無駄はない、積み重ねが大事 …… 34

第**3**章　セカンドライフに必要なお金

1．セカンドライフの支出 …… 38

2．退職金は何に？　いつまでもつか？ …… 42

3．セカンドライフの収入源 …… 46

第**4**章 投資の必要性

1. 日本とアメリカの違い ……… 56
2. 投資は将来のために必要な資産計画 ……… 61
3. 投資教育がなかった私たち ……… 64
4. 輸入依存の日本について ……… 68
5. インフレ・増税に対抗できる？ ……… 72
6. 日本でできる投資とは ……… 76
7. 投資をすると世界が広がる ……… 82

第**5**章 セカンドライフを支える不労所得

1. 不労所得とは ……… 86
2. お金に働いてもらう ……… 88
3. セカンドライフに本領発揮！ ……… 92
4. 現役時代から準備することで節税も ……… 96
5. 将来の収入を増やす自己投資 ……… 100
6. 週末起業のススメ ……… 104

第**6**章 目標・目的の可視化

1. お金のバランス ……… 110
2. 生活に必要なお金の試算 ……… 113
3. 貯金の目安、投資のステップ ……… 123
4. 足りないお金は何で貯める？ どうやって増やす？ ……… 129
5. 女性は特にリスクヘッジが大切 ……… 136
6. 自分に合った資産運用 ……… 144
7. 専門家の活用術 ……… 147

人生観・価値観

第7章 年代別、セカンドライフの準備

1. 年代によって準備すること、できること ------ 150
2. プラスだけでなくマイナスも必要な要素 ------ 166
3. 「自分らしく生きる」こと ------ 168

第8章 気持ちの豊かさ

1. ファーストライフとの違い ------ 182
2. セカンドライフに必要なもの、コト、場所 ------ 186
3. 気持ち豊かに暮らせるために ------ 190

【付録】 セカンドライフMEMO ------ 193

おわりに ------ 208

第1章
はじめての
セカンドライフ

- 暮らし方・生き方
- 資産計画・お金
- 人生観・価値観

1. 昔と今の違い

　私が幼い頃、田舎では結婚式があるとお赤飯、お葬式があると五目御飯が炊かれました。手伝いへ行った母が持ち帰るお赤飯や五目御飯を楽しみにしていたものです。私はお赤飯が大好きでしたが、母が持ち帰るのは五目御飯ばかり。そうです、田舎では結婚式よりもお葬式の方が多かったのです。

　図1-1は厚生労働省が出している生存数の推移を表したグラフです。横軸が年齢、縦軸が生存数となります。0歳で生存数は100%、年齢が上がるにつれて生存数が減ってくる曲線になっています。

　昭和22年の線を見てみましょう。男性は60歳位で生存数が半分になっていることが分かります。つまり、定年を迎えた頃に同窓会を行うと、同級生の半分は亡くなっているのです。今では想像がつきませんね！ 平成27年では84歳位で半数になっています。どれだけ寿命が延びているかがお分かりになるかと思います。

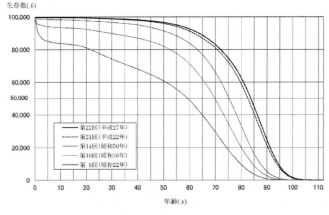

図 1-1：生存数の推移（男性）
（厚生労働省ホームページより）

　私が幼少の頃の昭和50年を見ると60歳位から曲線が急に右肩下がりになり、75歳位で半数となっています。ご遺族が「やっと定年してゆっくり過ごせると思っていたのに」と言っていた言葉を裏付けています。

　また、もう1つの特徴は、昭和22年の線を見ると子供や若い年代の方の生存数がその後の曲線よりも低いということです。食糧難、栄養不足により病気等で亡くなる子供も多かったのです。医療や衛生面の進歩により、その後の若年層の生存率は格段に高くなりました。

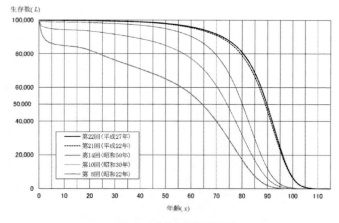

図 1-2：生存数の推移（女性）
(厚生労働省ホームページより)

　図 1-2 は女性の生存数の推移です。男性よりも女性の方が平均寿命は長いため、曲線は右側にスライドしています。

　女性も昭和 22 年では 65 歳位で半数になっていたところ、平成 27 年ではなんと 90 歳位で半数になる！ という驚きの結果に。

　平均寿命が延びる一方で「健康寿命」も延びています。健康寿命とは、「健康上の問題で日常生活が制限されることなく生活できる期間」のことです。

図1-3は平均寿命と健康寿命の推移を表しています。男女ともに右肩上がりです。違いを見てみましょう。男性は平均寿命と健康寿命との差が10年以下、それに対して女性は約12年と補助や介護が必要な時間が長くなっています。

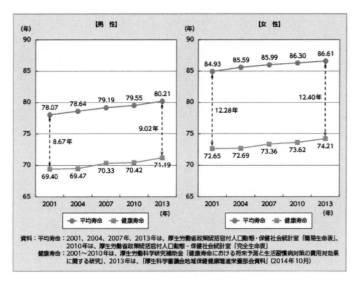

図1-3：平均寿命と健康寿命の推移
（厚生労働省ホームページより）

　女性の方が長生きのため、介護が必要な方の割合も女性が多くなります。男性はご自宅で在宅介護されるケースが多いのに対し、女性は施設や病院で介護されるケースが多いのです。そのため、男性よりも女性の方が介護費用など

を準備しておく必要があると言えます。（第3章「セカンドライフに必要なお金」参照）

　昔は60歳で定年を迎え、セカンドライフは退職金や貯金、年金で十分に過ごすことができました。

　また、「介護」という言葉もあまり聞いたことがありませんでした。今よりも医療は進歩していませんでしたので、いわゆる三大疾病（がん、心筋梗塞、脳卒中）などの大きな病気で早くに亡くなる方も多かった時代です。

　では、今のセカンドライフはどうでしょう？　定年後、20年以上を退職金、貯金、年金で暮らしていけるのでしょうか？「老後格差」や「老後破産」、「下流老人」などの言葉も珍しくなくなってきました。

　想像していた以上に長いセカンドライフにはお金が必要不可欠です。また、親や祖父母の時代と、ご自身の時代とではお金の価値や暮らしていく環境も異なるのです。

　昔と今の違いを知ることはセカンドライフを考える上でとても重要です。

2. セカンドライフを考えるタイミング

　これまでご自身のセカンドライフを考えたことはありますか？　中々、考えるタイミングってありませんよね？　多くの方は、親が定年を迎え、セカンドライフに入られた時に「自分はどうしようかな？」と考えられるのが最初のタイミングのようです。しかし、その頃はまだまだ仕事も忙しく、子育てや家事に追われ、ゆっくりと計画を立てるというところまではいかないのが現実でしょう。

　企業では40歳、50歳など、定年が近づく頃にセカンドライフの暮らし方や資産設計の見直しを研修等でサポートしているところが増えてきました。私もFPとして現役時代のうちにセカンドライフの計画を立てるようお勧めしております。これからセカンドライフを迎えるにあたりどのような準備をしておきたいですか？　というアンケートの結果は……

　・趣味、生きがいづくり
　・介護、病院などの情報収集
　・引っ越し、リフォームなど住まいの準備

現役時代は忙しくて趣味や自分の時間を楽しむことができなかった方も、セカンドライフの時間を有意義に使いたいと思われるのでしょう。

　また、60代から増えてくる病気やケガに備えて介護や病院などの情報を収集したり、どこで暮らすのか、住まいの準備をしたり、皆さんそれぞれにセカンドライフについて準備しておきたいことがあると分かりました。

　いかがでしょうか、どれも半年や1年でできそうですか？できるだけ時間をかけた方がご自身やパートナー、ご家族の意見を反映できそうだと思われるのではないでしょうか。

　いかに快適に、いかに理想に近づけるには早めのタイミングでセカンドライフについて考えて頂きたいと思います。特にお金については急に準備することが難しいため、事前の計画がとても重要です。

　行動が早いに越したことはないのですが、十分な準備が必要です。以前、お話を伺った2組のご夫婦の事例をご紹介します。

事例① ▶ **Sさんご夫婦(50代)**

早すぎた移住

　ご主人が50歳でこれまで勤めていた企業を早期退職。セカンドライフは自然の多い場所で暮らしたいと東京から2時間程の郊外に移住先を選び、家を購入されました。

　まだ、少しお仕事をしているのですが、本格的にリタイアする前に移住先に慣れておきたいと思い、東京を離れて早めに移住先で暮らすことにしました。

　しかし2年、3年と月日が経つにつれて都会での暮らしに戻りたい、もっと友人や家族と会いたいと思い、移住先の家を売却し東京での暮らしに戻られました。

　セカンドライフはこれまでとは違い、自由な「時間」が増えてきます。ゆっくりと自然の中で暮らしたい方もいれば、人と会うことが楽しみの方もいらっしゃいます。

早めの準備を勧めておきながら矛盾してしまいますが、暮らす場所はとても重要です。移住される前に週末や夏冬の長期休みにプチ移住してみるなど、少し時間をかけて選択されることをお勧めしています。

　このご夫婦もイメージしていた暮らしと移住先での暮らしにギャップ（差）があることに気づきました。その後、東京へ戻られてから、今後の暮らし方や計画について、さらに話し合われていらっしゃいます。

事例② Nさんご夫婦（70代）

やっぱり日本？

日本は物価も高いし、年金だけでは暮らせない！ ということで海外への移住を決断されたご夫婦。移住先は物価も安く、２人の年金だけでも十分な暮らしができます。

お手伝いさんも雇えるので面倒な家事もしなくて済むと奥様も喜ばれていました。しかし、移住５年目が過ぎた頃から、日本のしかも故郷の風景が懐かしく思えてきてしまったとのこと。最初は美味しいと思っていた食事も飽きてしまい、日本食が恋しくなってしまいました。

やっぱり日本で暮らしたい！ ということで帰国を決意。

移住してみて分かることも多いのだと思います。ご夫婦の移住の目的は「年金で暮らせる場所」ということでしたので、やはりお金の準備はセカンドライフには必要不可欠だということがお分かり頂けるかと思います。

日本へ帰国される前にご相談を頂きましたが、ご実家を残されておりましたので、ご実家での暮らし方やお金について明確にし、資産の整理や運用方法を変えることで不安を軽減させていきました。

　最後は日本で、という方は大変多くいらっしゃいます。移住期間中に貯蓄をして戻られる方もいますし、様々な方法があります。移住する際はお金だけでなく生活についても検討してほしいと思います。

3. 将来設計はクリエーティブなお仕事

　セカンドライフの将来設計は、とてもクリエーティブなお仕事と言えます。これまでのファーストライフでは様々なライフプラン（進学、就職、結婚、子育て等）があり、それに合わせた将来設計をすることができました。

　しかし、セカンドライフはご自身やパートナー、ご家族とどのように過ごしていきたいのか、理想的な暮らし方とは、それにはどのぐらいお金が必要なのか、といった創造性を働かせなくてはいけません。

　「セカンドライフが２回目」という方はいません。
　皆さんはじめてのセカンドライフを迎えるのです。

　わくわくしますか？
　心配だったり、気が重たかったりしますか？

　国民性もあるかと思いますが、私たち日本人はあまりセカンドライフに良い印象がないようです。海外のお友達やお知り合いがいる方はその違いをご存知かと思いますが、彼らはセカンドライフをいかに楽しめるかということに注力し、早めに将来設計を立てています。

社会保障などのライフラインが少ない国ほど、その傾向は強いと感じます。自分で調べ、自分を守り、自分で決めていくのです。

　現役時代のうちから既に自己責任・自助努力をしている国民はセカンドライフの設計に慣れています。将来設計をしながらファーストライフを過ごしていると言えば分かりやすいでしょうか。

　では、私たち日本人は？「年金があるから大丈夫」と思っていた方も、こんなに社会保障費が上がり、受け取れる年金額が下がると想像していたでしょうか。

　日本の人口ピラミッドを見てみましょう。（図1-4-1～3）

　世界一の超高齢化、しかも子供が減少しているので少子高齢化の日本の人口はこのように推移していきます。

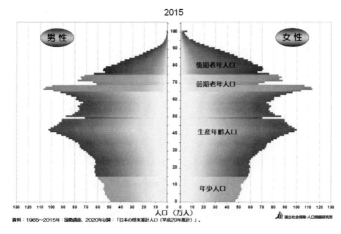

図1-4-1：人口ピラミッド 2015 年

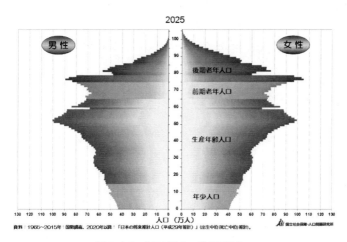

図1-4-2：人口ピラミッド 2025 年

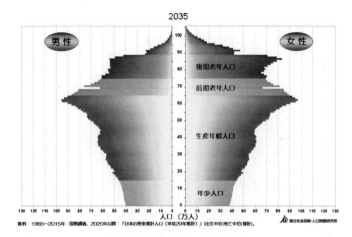

図1-4-3：人口ピラミッド2035年
(国立社会保障・人口問題研究所ホームページより)

　2015年、2025年、2035年と年数が経つにつれて後期老年人口、前期老年人口が増えていきます。

　逆に生産年齢人口と年少人口は少なくなってきているのが分かるかと思います。つまり、現役世代が少なくなり、老年人口が増えるわけですから、年金においても支障が出てきます。

　図1-5は年金給付費と保険料収入のバランスの変化のイメージとなります。将来、年金を受け取る人口は増えますが、原資となる保険料を支払う人口は減ります。

将来、バランスが悪化し、何かしらで調整しなくてはいけないのです。

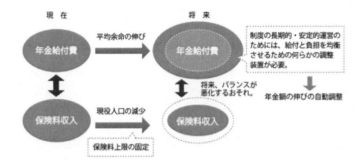

図1-5：年金給付費と保険料収入のバランス
（厚生労働省ホームページより）

また、年金受給者も支払い義務のある社会保障費が上がりました。年金から差し引かれて口座へ入りますので、年々、年金額が減っている状態です。収入源が年金だけでは不安要素は残ります。

先日、私が参加した研修会で「退職金の使い道」に関する講話がありました。実は、多くの方が退職金を10年くらいで使い果たしてしまっているというのです！

　使い道としては海外旅行、車の買い換え、家のリフォームなど。大きなお金を手にすると今までできなかったものに使ってしまう、よくあることですよね。しかし、セカンドライフは20年以上と長いのです。将来を見通した資産計画が重要です。

　私たちが暮らす日本はどうなるのかな？年金はどうなるのだろう？と創造性を働かせてセカンドライフを設計していく必要があります。

キーワード

**あなた自身が
セカンドライフのクリエーター！**

第2章

理想的な
セカンドライフの暮らし

暮らし方・生き方

資産計画・お金

人生観・価値観

1. 理想の暮らし方、生き方とは

「あなたの理想的なセカンドライフは？」
と質問されたら、なんと答えますか？

　家庭菜園をしながら趣味の絵を描いてゆっくり過ごしたい
　仕事をして社会とのつながりを持ちつつ旅行も楽しみたい
　孫の世話をしながら、たくさん一緒に出かけたい

　これまで日々の生活や仕事で忙しく、できなかったことや生涯を通じて行いたいこと、ゆっくり考えるといくつか出てくるかと思います。その作業がとても重要なのです！

　お正月に「今年こそダイエット！」「資格を取得する！」「ゴルフに毎月行く！」など目標を立てますよね。その気持ちがどこまで続くかと言うと……たったの数ヶ月と言われています。GW頃には忘れているというわけです。それでは将来設計にはなりません。

　理想的な暮らし方やどのように生きていきたいか、思いついたものをノートに書き出してみてください。それがファーストステップになります。

イメージがしやすいよう会社を例にお伝えします。

いずれの会社にも「企業理念」があります。

企業理念

　企業の個々の活動方針のもととなる基本的な考え方。創業者や経営者によって示されたものが多い。企業内部に向けては社員の行動指針となり，企業の一員としての自尊心を高めようとする。また社会に対して企業のイメージをアピールするねらいもある。

（ブリタニカ国際大百科事典 小項目事典より）

　この企業理念を元に経営方針や経営戦略が生まれてきます。その思いは創業者や経営者から代々と受け継がれていくのです。

　理想のセカンドライフについて話を戻しましょう。まずはご自身が譲れないこと、セカンドライフの軸になることを書き出してみます。会社の企業理念と同じです。

　そこから経営方針（どのように進めていくのか）、経営戦略（計画や準備）といった肉付けをしていくのです。

一時期、エンディングノートが流行りましたね。出始めた当初は、自分のエンディングについて綴るノートということで画期的でした。セカンドライフと同様に終末期に関することはタブー視される日本ですから、中々浸透しないのでは？　と思っていましたが、今では家計簿と同じぐらい普通に書店に置いてあります。

　エンディングについて考えるといことは、それまでの生き方を考えるということ。終活カウンセラーの方からも、「エンディングを考えることは前向きに生きていく術を探すことにつながる」と伺いました。

　セカンドライフについて書き出してみることはエンディングノートと同様に、どのように生きていきたいかを考えるという前向きな作業になります。

　皆さんがご自身のセカンドライフの創業者・経営者として考えて、そして書き出してみてください。

2. ファーストライフは セカンドライフのための準備期間

　理想の暮らし方、生き方が具体的に出てきた方、あまり思いつかなかった方、それぞれ個人差はありますので今は気にしなくても大丈夫です。

　私は20年程、ヨガを習っています。ヨガは自分自身の心と身体に向き合います。健康な時は、この前よりも呼吸が深いな、ポーズが取れやすくなってきたなと感じます。逆にストレスが溜まっている時は呼吸も浅く、ポーズも上手くとれません。自分自身の変化を見ることができます。他の人と自分を比べる必要はありません。

　理想的なセカンドライフについても他人と比較する必要はありません。ご自身の中での変化を知ることが重要です。

　20代の方に「あなたの理想的なセカンドライフは？」と聞いてもピンとこないでしょう。では50代の方だったら？　これまでも想像したことや既にプランを立てていることもあるかもしれません。より具体的になってきているのです。（第7章「年代別、セカンドライフの準備」参照）

ヨガのように他人と比較することなく、ご自身が年を重ねるにつれて理想的なセカンドライフも変わってくるかと思います。それであれば、退職するぎりぎりまで待った方が良いのでは？　と思われるかもしれませんが、準備は早いほうが選択肢も広がります。理想的なセカンドライフの内容が変化したとしても、選択肢が広ければ対応できることも多いのです。

　ファーストライフのうちにセカンドライフの準備をしておくことでいくつかメリットがあります。１つは必要な資金の準備ができること、もう１つは様々な情報を得る余裕が生まれることです。退職まで何もせずに急にセカンドライフに突入したらどうなるでしょう？

　たくさんある時間、何をしたら？
　お金が減ることの不安はどうしたら解消できる？

　何事にも言えますが準備をしていないことでのデメリットもかなりあるのです。そして最大の違いは「ファーストライフはセカンドライフよりも健康である」ということを忘れてはいけません。

表 2-1 は性・年齢階級別の入院、外来の受療率です。60 ～ 64 歳の年齢階級から入院、外来ともに増えているのが分かります。

表 2-1：性・年齢階級別にみた受療率（人口 10 万対）

平成26年10月

年齢階級	入院			外来		
	総数	男	女	総数	男	女
総　数	1 038	977	1 095	5 696	5 066	6 292
0　歳	1 062	1 119	1 001	6 691	6 811	6 564
1 ～ 4	170	187	152	6 778	6 914	6 638
5 ～ 9	92	101	83	4 422	4 562	4 275
10 ～ 14	92	102	82	2 649	2 711	2 584
15 ～ 19	117	123	111	1 937	1 750	2 134
20 ～ 24	165	147	184	2 240	1 743	2 765
25 ～ 29	241	178	306	2 716	1 908	3 561
30 ～ 34	296	216	379	3 086	2 156	4 043
35 ～ 39	304	266	342	3 280	2 463	4 118
40 ～ 44	330	351	308	3 382	2 850	3 927
45 ～ 49	427	480	374	3 827	3 333	4 327
50 ～ 54	591	688	493	4 664	4 087	5 244
55 ～ 59	772	921	626	5 361	4 878	5 838
60 ～ 64	1 064	1 282	855	6 514	6 164	6 853
65 ～ 69	1 350	1 618	1 102	8 309	7 821	8 761
70 ～ 74	1 820	2 110	1 568	10 778	10 266	11 224
75 ～ 79	2 635	2 913	2 416	12 397	12 110	12 624
80 ～ 84	3 879	4 063	3 757	12 606	12 857	12 439
85 ～ 89	5 578	5 603	5 569	11 373	11 871	11 126
90歳以上	8 412	7 803	8 587	9 074	9 911	8 834
（再　掲）						
65歳以上	2 840	2 786	2 881	10 637	10 327	10 872
75歳以上	4 205	4 036	4 311	11 906	12 169	11 741

注：総数には、年齢不詳を含む。

（厚生労働省ホームページより）

男女ともに 60 歳以降に病気やケガなどで受療率が高くなる傾向があります。現役世代にできていたことも退職後に同じようにできるかと言ったら難しいでしょう。

パワー（体力や気力）が必要な作業はファーストライフのうちに準備しておくと安心です。

3. 無駄はない、積み重ねが大事

　第1章で事例を2つお伝えしましたが、セカンドライフの準備や行動に無駄はありません。早めに郊外へ移住をして、その場での生活を味わってみたところ、やはり都心での生活がしっくりくると分ったご夫婦、年金で暮らせる海外へ移住したものの、故郷や日本の味が恋しくなって帰国したご夫婦、ともに実践してみて分ったことです。

　生活環境や金銭面で良いと思っていたことも、実践してみたら違っていた、もしくは、もっと優先すべきことや大切なことが分ったのです。準備に無駄はありません。1つずつ積み重ねていくことが大事だと思います。

　セカンドライフは20年以上とかなり長い期間となります。1つの形にとらわれず、ステップを踏んでみるのも良いでしょう。

　また、退職したばかりの頃は、これまでの生活と同じようにできるだけ外出し、人と会う機会を作ることをお勧めしています。

美容室の友人から聞いた事例を１つ紹介します。

事例③ **美容室のお客様 E さん**(60代: 女性)

これまで月に１度、美容室へ行かれていたEさん。接客のお仕事をされていたので身だしなみに気をつけていましたが、退職を機に美容室へは夏冬など年２回に。

外出や人と会うことも減ってきたところ、１年もしないうちに、お仕事をされていた時とはすっかり変わってしまいました。いつも若々しかったEさんが、急に年を取ったように見えたそうです。

身の回りを気にしなくなる、外出がおっくうになる、人と会うのが面倒になる。見た目だけでなく、心（精神面）も変化してしまったそうです。

美容師の友人曰く、Eさんだけでなく、急に年を取ったと感じる方は、大きな病気をされた方と引退した方だそうです。

35

それだけ、生活環境や人との関係は私たちに影響をもたらします。少しずつペースダウンをすることで、この一気に体力や気力を下げてしまうことを防ぐことができます。

　理想的なセカンドライフには準備が必要です。会社を退職した後も人とつながれるコミュニティや、自分が楽しめる時間や環境、そしてお金があることで急激なペースダウンは防げるでしょう。

　60代は新たな生活環境を整える期間に、70代・80代はセカンドライフを満喫し、90代はたくさん自分のやりたいことをして、会いたい人と会う。

　それだけの体力と気力を保てるような生活を心がけて日頃から過ごされると良いでしょう。イメージしておくだけでも違うと思います。

キーワード

将来の夢を考える子供のように、理想的なセカンドライフをイメージしてみて！

第3章

セカンドライフに必要なお金

暮らし方・生き方

資産計画・お金

人生観・価値観

1. セカンドライフの支出

「年を取ったら、これまでよりも外出はしないしお金も使わない（必要ない）」
と、言う方がいるのですが本当にそうでしょうか？

食べる量が少なくなるから、外出する機会が少なくなるから、人付き合いも少なくなるし……と確かに現役時代よりもお金を使う機会は少なくなるかもしれません。

しかし、セカンドライフならではの支出も増えてくるのです。60代から病気やケガが増えてくるとお伝えしましたが、通院や治療費、病院までのタクシー代など、これまでよりも費用がかさむこともあります。

また、外食や旅行など娯楽費も必要です。ファーストライフと同じように支出をしていると年金や預貯金では不足が出てしまうことも。既にセカンドライフを過ごされている方々の支出入を見てみましょう。

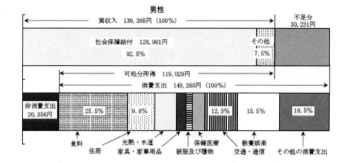

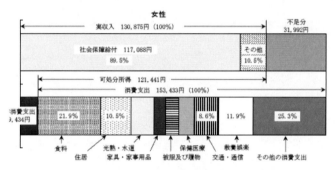

図3-1：高齢無職単身世帯の男女別家計収支の構成
(総務省統計局平成26年全国消費実態調査より)

図3-1は総務省による消費実態に関する調査結果です。65歳以上、単身世帯での男女別データとなっています。

主な収入は社会保障給付、つまり年金です。男女ともに食費や住居費、光熱費など支出が収入をオーバーしています。不足分は約3万円/月です。

毎月約 3 万円が不足ということは年間約 36 万円。その他の旅行や大きな買い物などを入れると、いかがでしょうか、思った以上にセカンドライフも支出があることが分かります。ファーストライフと比べて支出が格段に下がるということはないかと思います。

　ここで大きなポイントとなるのは「住居費」です。図3-1 で住居費は約 15,000 円（消費支出の約 10%）となっていますので「持ち家」もしくはご家族が負担している方が多いのかもしれません。

　住宅ローンの支払いがセカンドライフにも残っている場合、賃貸で家賃が高額な場合はさらに不足分は大きくなります。住宅ローンの場合はできるだけ退職する前に完済、賃貸の場合は支出額を事前に把握し、不足分が出ないような資産準備をしておく必要があります。

　ファーストライフで収入があった時は通帳の残高はあまり気にしなかった方も、セカンドライフに入ると残高は減る一方で見るのが滅入ってしまいます。特に安定した収入があった方ほど、その傾向は強いようです。あまりに不安が重なり、うつ病になってしまう方もいるほどです。お金に関する不安はストレスとなり心身に影響を与えます。

お金を使うのが嫌だから外に出ない、人と会わないとなると一気に生活範囲が狭くなり、さらに心身にマイナスの影響を与えてしまいます。そうなる前に、セカンドライフも支出があることを理解し、しっかりと生活ができるだけの対策をたてておくことが重要です。

新卒の頃、営業畑で育った私は上司から「予算（売上目標）に追いかけられてると思ったら達成できず、こちらから追いかけると思ったら達成できる！」と言われていました。こんな予算は達成できないと逃げていると、いつまでも達成できず、予算まであといくら！ とこちらから追いかけると不思議なことに達成できるのです。

これはFPとしてお客様に貯蓄や運用のアドバイスをする際にもとても役に立っています。年金だけじゃ足りない……と落胆していても誰もお金は出してくれません。国も自助努力をホームページのトップページで訴えているくらいですから。

セカンドライフも活き活きと生活を楽しめるよう、必要な支出を把握し、準備できる！と前向きに資金計画を立てていきましょう。

2. 退職金は何に？ いつまでもつか？

　退職金はセカンドライフの重要な資金源となります。
現在、退職金はどのぐらいの金額なのでしょうか？

　表3-1は上段が平成25年、下段が平成20年の学歴
別平均退職給付額の表になります。平成25年は勤続年
数35年以上で大学卒が2,156万円、高校卒が1,484～
1,965万円となっています。

　チェックして頂きたいのが平成20年よりも下がってい
るという点です。平成20年は大学卒で2,491万円でした。
平成25年と比べると335万円の差があります。年々、
退職給付額も下がってきているのです。

表3-1：学歴別退職者1人平均退職給付額（平成25年）

勤続年数・年	大学卒（管理・事務・技術職）		高校卒（管理・事務・技術職）		高校卒（現業職）	
	1人平均退職給付額[1]	月収換算[2]	1人平均退職給付額[1]	月収換算[2]	1人平均退職給付額[1]	月収換算[2]
	万円	月分	万円	月分	万円	月分
計	1,941	37.6	1,673	39.7	1,128	35.0
20～24年	826	18.5	505	17.5	433	16.6
25～29年	1,083	21.8	692	20.7	603	21.6
30～34年	1,856	34.4	938	25.6	856	28.4
35年以上	2,156	41.4	1,965	43.8	1,484	42.1
平成20年	2,280	42.7	1,970	44.6	1,493	44.9
20～24年	1,041	22.1	672	20.7	567	20.2
25～29年	1,458	29.6	893	25.3	716	28.4
30～34年	2,014	38.4	1,498	38.4	1,201	38.1
35年以上	2,491	45.9	2,238	47.9	2,021	54.2

注：1)　「退職給付額」は、退職一時金制度のみの場合は退職一時金額、退職年金制度のみの場合は年金
現価額、退職一時金制度と退職年金制度併用の場合は退職一時金額と年金現価額の計である。
　　2)　「月収換算」は、退職時の所定内賃金に対する退職給付額割合である。

（厚生労働省ホームページより）

しかし、退職金がある方はセカンドライフの生活に大きな支えとなります。前述の通り、住宅ローンの支払いが残っている場合は、退職金で繰り上げ返済する方も多くいらっしゃいます。また、介護が必要なご両親と暮らすために家をリフォームされる方、日々の生活費の不足分を退職金から補う方などそれぞれです。

ところが、計画を立てずに使ってしまう方も！？ ご夫婦で世界一周旅行、最後の買い換えだからと高級車を購入、家の増改築など退職金という大金を手にしたことで大きな出費を次々としてしまう方も多いのです。65歳で退職し、70歳代で退職金をすべて使ってしまったという方も……80歳代、90歳代はどうするのでしょう？

計画せず退職金を使ってしまう前に、必要なお金を算出してみましょう！

まずは、セカンドライフの支出で不安要素の大きいものから考えて頂きます。住宅ローンが不安でしたら支払い残金を確認します。毎月の収支のマイナス分が不安であれば足りない分を何年カバーできるか確認します。

65歳退職：退職金 2,000万円

不安要素 1. 退職後の住宅ローン返済

毎月の元金 5万円、利息 2万円
残りの返済期間：5年
＊繰り上げ返済の場合、元金分を返済することになります

元金 5万円 ×12ヶ月 ×5年＝ 300万円

不安要素 2. 毎月の収支のマイナス分

毎月の支出　　23万円
ご夫婦の年金　20万円（マイナス 3万円）
＊退職から平均寿命までの 20年で計算

月 3万円 ×12ヶ月 ×20年＝ 720万円

＊退職から 30年で計算すると……
月 3万円 ×12ヶ月 ×30年＝ 1,080万円

　いかがでしょうか？　住宅ローンは返済表を見れば元金や返済期間が分かります。毎月の収支も「ねんきん定期便」で年額が分かれば 12ヶ月で割ることで 1ヶ月分が分かります。あとはかけ算するだけです！

例の場合、不安な2つの要素をカバーするには約1,000万円が必要なことが分かりましたので、ご夫婦の旅行や家のリフォーム、車の買い換えの予算がおのずと分かりますね！もちろん、預貯金や株式など他の資産もあるかと思いますので合わせて試算していくことになります。

不安要素2.は平均寿命までの20年で計算しましたが、第1章でお伝えしたように年々、平均寿命は延びています。毎月の収支のマイナス分を試算する際は少し長めに25年、30年などで計算されておくと、さらに安心です。

また、社会保障費（保険料）も年々上がってきています。受け取れると思っていた年金額も少なくなる可能性がありますので、こちらも試算する際は十分気をつけてください。

退職金がある方はいいじゃない！ と言われる方も多いかと思います。雇用の流動化により、正規雇用社員は減ってきました。退職金がない企業も増えてきました。退職金がない場合は？ ご自身で退職金相当となるお金を貯めなくてはいけません。退職金がある方よりもさらに自助努力が必要になります。（第4章「投資の必要性」、第5章「セカンドライフを支える不労所得」参照）

3. セカンドライフの収入源

セカンドライフの収入源は大きく分けて以下の３種類となります。

図 3-2：セカンドライフの収入源

ここまで年金と退職金についてはお伝えしてきましたが「自助努力」とは何でしょうか？ 実はセカンドライフの暮らしにおいて、この自助努力で大きな差が出てきます。

まずは「年金」と「退職金」についておさらいしてみましょう。この２つはファーストライフにある程度、予測ができるお金となります。

年金（公的年金）

　公的年金は我が国を支えてきた公的な年金制度です。年金にはマイナスのイメージも多いかと思いますが、その役割はとても重要なものであることを先にお伝えします。

　誰しも年を取るとこれまでと同じように働くことができません。現役をリタイアし、子供等からの資金援助がない場合、年金がなければ暮らしていくことも困難になってしまいます。

　経済状況や家族構成にかかわらず、安心・自立して老後を暮らせるための仕組みとして、公的年金は大きな役割を担っているのです。以下は日本年金機構ホームページに記載されている公的年金の基本的な考え方です。

世代間扶養の仕組み

　公的年金は、個人が納めた保険料を積み立ててその運用益とともに個人に返す（＝積立方式）のではなく、現在の現役世代の納める保険料によって現在の高齢者の年金給付を賄うという、「世代と世代の支え合い」、すなわち世代間扶養の仕組み（賦課方式）によって成り立っています。

（日本年金機構ホームページより）

私たちが加入している生命保険と同じ仕組みです。

　「一人は万人のために、万人は一人のために」困ったと
きにお互いが助け合うという相互扶助の精神をもとにこの
制度は成り立っています。

　海外にはこの公的年金の制度がない国もあります。その
ため、私的年金の制度や自助努力が進んできたのでしょ
う。公的年金制度はとても素晴らしい制度なのですが、第
1章でお伝えした通り、超高齢化の時代に日本は入りました。

　表3-2にもある通り、高齢者1人を数人で支えていた
制度も1人が1人を支える時代が近づいてきたのです。

表3-2：65歳以上人口割合等の推移と見通し

	65歳以上人口/全人口	65歳以上人口/20歳以上65歳未満人口
昭和35（1960）年	5.7%	10.6%（9.5人で1人）
昭和45（1970）年	7.1%	11.7%（8.5人で1人）
昭和55（1980）年	9.1%	15.1%（6.6人で1人）
平成2（1990）年	12.0%	19.6%（5.1人で1人）
平成7（1995）年	14.5%	23.2%（4.3人で1人）
平成12（2000）年	17.3%	27.9%（3.6人で1人）
平成17（2005）年	20.2%	33.1%（3.0人で1人）
平成21（2009）年	22.8%	38.5%（2.6人で1人）
平成42（2030）年	31.8%	58.2%（1.7人で1人）
平成67（2055）年	40.5%	85.0%（1.2人で1人）

（資料）総務省統計局「国政調査」、「人口推計」
国立社会保障・人口問題研究所「日本の将来推計人口（平成18年12月推計）」

（日本年金機構ホームページより）

私が生まれた昭和 50 年頃は 7 人で 1 人程の割合でしたが、現在は 2 人で 1 人を支える割合にまで人口推移が変化しているのです。

　年金を支払う側にも限界があります。そこで、年金を受け取る受給者の方の負担も増やすことになったのです。これが「年金が毎年減っている」と言われている原因の 1 つとなっています。

　「ねんきん定期便」で確認できる年金額から、保険料や税金がひかれたものが控除後振込額となり、実際の生活資金となります。

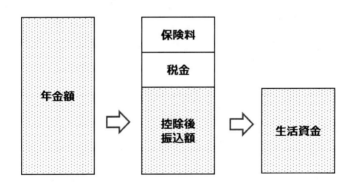

図 3-3：生活資金にあてられる年金

退職金

　退職金については第3章2節でもお伝えしましたが、退職金がある方はその使用用途やタイミングへの注意が必要です。

　私の個別カウンセリングに来られる方の多くは退職金がない職場、もしくは派遣契約や短期雇用などの女性です。退職金が2,000万円ある人と自分を比較して落胆されている方も。そんな時、私はこうお話しています。

　「退職金があっても退職したらあっという間にその2,000万円を使ってしまう方もいます。自ら貯めた感覚がなく、急に大金が入ってくるので大きな買い物をしてしまいがちなのです。

　2,000万円は大きな金額ですが、年収500万円でしたら4年で使い果たしてしまう金額です。退職金がある方も、ない方もしっかりと貯めていく必要があります。」

　では、退職金がない方は？

退職金がない方は、現役時代のうちに自助努力で退職金相当の資金を準備していくことが必要です。

　今から計画的にお金を貯めることで、お金の貯め方や使い方を学ぶことができ、セカンドライフの使い道も計画的に行うことができます。

　計画的に準備していきましょう！

自助努力

　自助努力とは言葉のとおり、「自分を助ける努力」です。"将来の自分"と置き換えた方が分かりやすいでしょう。

　これまで、公的年金制度で支えられていたセカンドライフも近年の年金額では暮らしに不安が残ります。そこで金融庁からも公的年金だけでなく自助努力で資産形成をするようメッセージが出されるようになりました。

> **自助努力**
>
> 　高齢化が進む中でいかに老後の資産を形成するか、また、勤労世代の資産形成をいかに行っていくかが重要な課題である。公的年金等にも自ずと財政的な制約がある中では、勤労世帯の自助努力を促し、安定的な資産形成を進めることを実現していくことが重要であると考えられる。
>
> （金融庁「平成27事務年度 金融レポート」より）

　では、自助努力とは何をすれば良いのでしょうか？

●自助努力に分類されるもの

①私的年金

（確定拠出年金、積立て年金保険等）

②不労所得

（家賃収入、配当所得等）

③給与所得

（シニア雇用等）

①の私的年金は様々な商品があります。iDeCoやNISAなど非課税枠を利用して私的に年金を積立てていくものや、各保険会社が販売している積立て年金保険などで公的年金の不足分をカバーできるようにしていきましょう。

②の不労所得はセカンドライフにもってこいです！ これまで働いて収入を得ていた方もセカンドライフは働かずしてお金が入ってくる仕組みを準備しておくと安心です。

（第5章「セカンドライフを支える不労所得」参照）

③の給与所得は②と逆行しますが、社会とのつながりを保つために働く方も増えています。働き手の人口が減っている日本ではシニア雇用は大きな注目を集めています。

このように自助努力には様々な方法がありますのでご自身のセカンドライフに合うものを選定し、ファーストライフのうちから準備できることを始めてほしいと思います。

キーワード

セカンドライフを理想に近づけるには自助努力が重要です！

第4章
投資の必要性

暮らし方・生き方

資産計画・お金

人生観・価値観

1. 日本とアメリカの違い

お金が足りない……
お金を増やしたい……

そう思ったときに何をしますか？ 節約？ それとも残業を増やす？ もしくはお仕事を増やす？

私たち日本人は「働いて収入を得る」ことが当然だと思っています。ご主人のお給料だけでは子供を育てるのが不安という奥様がパートで家計をサポートしたり、定年退職したけれども年金だけは生活ができないのでアルバイトをしたり、足りないお金は働いて得るのが当然だと思っています。

もちろん、労働に勝る投資はありません。働いたけどマイナスになった、ということはあまりないですよね。

しかし、外国ではどうでしょうか？ 労働以外にも「投資で増やす」という概念があります。特にアメリカは投資の先進国です。働いてお金を得る以外にも、「お金に働いてもらう」術を知っているのです。

また、日本人は貯金が好きな方が多いのも特徴です。

図4-1は日本銀行調査統計局による家計の金融資産構成です。日本は現金・預金が約50％をしめてします。次に多いのが保険や年金などが約28％、株式や投資信託は合わせても約15％です。

所有する資産の半分が現金・預金ということは持ってるお金が増えるという要素はかなり低いと言えます。

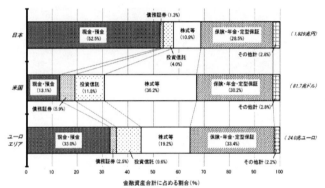

図4-1：家計の金融資産構成
(2018年8月14日 日本銀行調査統計局)

一方、アメリカはどうでしょうか？ 株式が約36％、保険・年金が約30％、投資信託が約11％、債務証券が約6％、現金・預金は約13％です。日本と比べて大きな差があります。

> ①　資産を分散していること
> ②　現金・預金が少ないこと

　この２つの点がかなり重要なのです！

　まず、資産を分散していることは、分散投資にあたります。リスクを考慮しながらお金を増やす努力をしていることが分かります。労働で得た収入をいくつかの金融商品に分散しています。株式や保険、投資信託などお金が増える可能性のある場所にお金を投じているのです。

　次にアメリカでも日本と同様に預金は金利で大きく増えることはありません。ですから現金や預金はできるだけ少なくしています。増えないところにはお金を置かず、できるだけお金が増える場所で管理しているのです。

　でも、投資はリスクがあるし……

　多くの日本人はこの「リスク」を正しく理解していないため、リスクが少ない現金・預金でお金を眠らせています。

では、実際にアメリカと日本の資産はどうなったのでしょうか？ 分散投資しているアメリカと、現金・預金でお金を管理している日本の違いは？

図 4-2 は個人金融資産の推移データで、1987 年から 2014 年までの 27 年間に日米の個人金融資産がどのように変化したかを表しています。

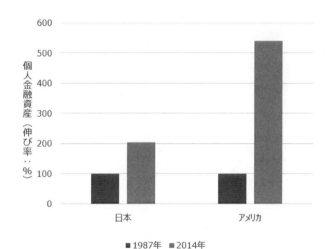

図 4-2：個人金融資産の推移

27 年間に日本は個人の金融資産を約 2 倍にしました。アメリカはなんと 5 倍強になったのです！

　これでも現金・預金でお金を持ち続けますか？

　投資が苦手という方も多いのですが、お金が 2 倍になるのと 5 倍になるのでは、5 倍になる術を知りたいですよね。

　少しずつ投資について学んでいきましょう。

2. 投資は将来のために必要な資産計画

「人生 100 年時代」

以前はそんな言葉はありませんでした。100 歳ご長寿やそのご家族を取り上げて、長生きのコツや身体に良い食べ物などマスメディアが騒いでいたことも記憶にあるでしょう。

しかし、平均寿命が延び、人生 100 年時代は当たり前の時代になってきました。お子様たちの将来は平均寿命100 歳も考えられます。私たちＦＰがたてる資産計画も人生 100 年で考える時代なのです。

「投資」とは将来のための計画性のある資産運用です。

日本では、投資というものをリスクが高いギャンブルであると捉えがちですが、実際には将来を見越した計画性のある安全な資産運用のことを指します。

投資が根付いている英米国では投資は 1 世代（1 家族）だけでなく一族で考えます。ご先祖様が築き上げた資産を活用し、運用することで次世代へも継承していきます。

資産も長期運用、分散投資をしながら長きに渡り安定して増やしていくのです。本物の投資家はあまり流行りのものや実績のないもの、短期投資などはしないそうです。

　日本人の金融リテラシーが問われる事件がありました。

　ここ数年の仮想通貨の消失事件や運用停止、詐欺事件などは記憶に新しいところでしょう。仮想通貨は否定しませんが、それ以前に仮想通貨を理解せずに投資している日本人が多く、驚きました。

金融リテラシー

　「金融リテラシー」とは、金融に関する知識や情報を正しく理解し、自らが主体的に判断することのできる能力であり、社会人として経済的に自立し、より良い暮らしを送っていく上で欠かせない生活スキルです。国民一人ひとりが金融リテラシーを身に付けることは、健全で質の高い金融商品の供給を促し、我が国の家計金融資産の有効活用につながることが期待されます。

（日本証券業協会ホームページより）

　分散投資もしていない、投資について学んでもいない多くの日本人が仮想通貨に手を出している姿に不安を感じたのを覚えています。

それもそのはず、私たち日本人は投資教育を受けていません。投資とギャンブル、詐欺商品の見分けがつかないのです。投資に関するアレルギーが強く、正しい情報を得ていないため、子供も大人も投資に関しては初心者です。

　この27年で日本とアメリカの個人金融資産には大きな差が出たことをお伝えしました。この先も同じ歴史を繰り返すのでしょうか？ このまま資産を増やさずに一族は継承し続けられるのでしょうか。

　日本にも投資教育が必要な時代となってきたのです。

3. 投資教育がなかった私たち

　私は高校2年生の時に初めて「英会話」を習いました。
中学で英語の授業はありましたし、外国の映画や音楽が好
きだったので、英語が話せるようになったら世界が広がる
とワクワクしながら習っていました。

　今では子供の頃から英会話を習うことができますね！
今後は大学の受験にも英会話が導入される予定です。いか
に生きた英語、使える英会話が重要かということが認知さ
れてきたのです。

　実はこの英会話の授業や受験科目への導入は他のアジア
圏から10年遅れをとっています。確かに、アジア圏に旅
行へ行くと、ホテルだけでなく現地の方も英語が綺麗に話
せますよね。英会話の導入はずいぶん前から議論されてい
たのですが、他の学問におされて導入が遅れてしまったの
です。もう少し早ければ2020年のオリンピック開催時
に英語が話せる日本人が増えていたことでしょう。

　投資教育も同じこと。まずは他の国の投資教育について
お伝えしていきます。

海外（特に米国・英国）では「投資」に関する授業は進んでいます。小学生の頃から、クレジットカードとデビットカードの違いや投資とはどんなものなのかといった概念について学び、中学校では株式や利子率、キャピタルゲインなど、高校生では利回りや様々な金融資産について学びます。

　大学を卒業した頃には、「初任給をどこに投資するか」を考える知識がすでに身に付いているのです。

　日本はどうでしょうか？　学校で投資を学んだという方は少ないのではないでしょうか。現在、確定拠出年金の制度を導入している企業に就職が決まると入社前に年金の運用先を決めるよう言われます。

「年金の運用先？」
「アクティブ？　インデックス？」

　頭の中にクエスチョンマークがたくさんつきませんか？

　両親に聞いても、分からないので教えてください！
というご相談も増えています。

資産計画・お金

第4章　投資の必要性

65

金融庁のホームページには投資教育の必要性について以下のように記されています。

投資教育の必要性

パーソナル・ファイナンスにおける投資教育の重要性

●パーソナル・ファイナンス（個人の生活設計）における資産形成に証券投資は欠かせない。

●投資教育は、個人の資産形成と市場経済が円滑に機能するうえで重要なインフラである。

（金融庁ホームページより）

　また、資金の目的別に合わせた証券投資の商品例も紹介されています。

表4-1：パーソナル・ファイナンスの目的資金と対応する証券投資商品の例

◆パーソナル・ファイナンスの目的資金（住宅・教育・老後資金など）と対応する証券投資商品の例

・生活資金	MMF・MRFなど
教育資金	国債・投資信託・外貨預金など
住宅資金	つみたてくん・国債・投資信託・外貨預金など
老後資金	確定拠出年金対象商品・株式・るいとう・投資信託・外貨商品・変額保険
余裕資金	余裕資金：株式・投資信託・外貨商品・先物投資など

（金融庁ホームページより）

これから少子高齢化がさらに進みます。少ない子供達が多くの高齢者を支える日本。支えた後は？ 子供達は自分自身の 100 年時代を生き抜いていくことができるのでしょうか。

私たち大人が自分自身の資産設計をしながら、子供達のお手本となり、そして次世代へ資産を継承していくことが重要です。

子供達が安心して将来を迎えられるために——
自分自身で計画的に資産運用ができるように——

人生 100 年時代を生き抜くために、特にお子様達には「投資教育」を受けて頂き、自分自身のお金を増やす知識を身に付け、そして実践してほしいと思います。

4. 輸入依存の日本について

　資産計画やお金について考える上で、私たちが暮らしている日本の経済状況を少し知る必要があります。それはセカンドライフにおいても重要なことの1つです。

　人口が減っているという話は既にしましたが、生産年齢人口と言われる15歳以上65歳未満の人口も減少している日本では食品の生産、加工も減ってきています。

　図4-3は日本の食料自給率の推移です。昭和40年には食料自給率（カロリーベース）は73％ありましたが、平成29年では38％となっています。日本では4割弱しか生産できず、残りの6割は輸入に頼っていることになります。

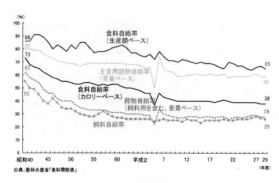

図4-3：食料自給率の推移
（農林水産省ホームページより）

図 4-4 では他の諸外国と比べ得て、日本の食料自給率がかなり低いことが分かります。

> **食料自給率**
>
> カナダ、オーストラリア、アメリカ、フランス等の輸出が多い国の食料自給率は100%を超えている中にあって、我が国の食料自給率は、先進国中最低水準です。

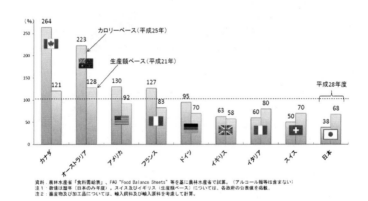

図4-4：我が国と諸外国の食料自給率
（農林水産省ホームページより）

食料自給率だけではありません。日本は石炭、原油、天然ガス、LPガスなどエネルギーも輸入に頼っています。

エネルギー自給率

日本のエネルギー自給率はわずか6％。これはOECD加盟34か国中、2番目に低い水準です。また電力についても、発電のためのエネルギー源を海外からの化石燃料に依存しており、東日本大震災以降、その割合は急激に高くなっており、第一次石油ショック時よりも厳しい状況です。

図4-5：エネルギー自給率
（経済産業省ホームページより）

エネルギーにおいては、9割強を輸入に頼っているのが現状となります。

輸入依存とも言える状況が続いているのですが、それが
セカンドライフに関係するの？　と思われるかもしれませ
ん。大いに関係してきます。

　少子高齢化が進む日本において、この輸入依存はさらに
進むことが予測されます。この後、お伝えするインフレ（物
価上昇）はこの輸入依存が要因の１つです。

　食料もエネルギーも他国から輸入せずには私たちは暮ら
せません。１ドル100円で輸入できていたものが、為替
の変動により１ドル120円になったら？　旅行くらいでは
少しの損で我慢できますが、食料やエネルギーで換算する
と大きな値上げに結びつきます。一時、ガソリン代が急騰
してニュースになったこともありましたよね？

　輸入に依存している日本では、海外の情勢や為替レート
などの影響を受けやすく、食料やエネルギーなどの価格に
直に響いてきます。

　私たちの暮らし、しかもセカンドライフにおいては今後
の日本の経済状況も見通して資産計画をたてなくてはなり
ません。

資産計画・
お金

第４章　投資の必要性

5. インフレ・増税に対抗できる?

　食料もエネルギーも輸入に頼る日本では、今後さらにインフレ（物価上昇）は心配の種となります。投資において、このインフレやデフレも重要なキーワードとなりますので簡単に説明しますと……

> モノの価値が上がる＝お金の価値が下がる＝インフレ
> モノの価格が下がる＝お金の価値が上がる＝デフレ

　インフレーション（インフレ）はモノの価値が上がります。つまり値段が高くなるということ。これまで300円で買えていたバターが450円になってしまうことです。これまで以上にお金を払う必要がある＝お金の価値が下がっていることを意味しています。

　逆にデフレーション（デフレ）はモノの価値が下がります。ファストファッション（低価格ブランド）がイメージしやすいでしょうか。これまで1万円出さないと買えなかったカシミヤセーターが5,000円で買えるようになること。支払うお金が少なくて済む＝お金の価値が上がっているのです。

どちらが良い悪いではありません。経済はこのインフレとデフレを繰り返しているのです。

インフレ

モノが高く売れる→企業に利益が出る→給料が上がる→消費が進む

デフレ

モノが安く買える→消費が進む→企業に利益が出る→給料が上がる→さらに消費が進む

インフレとデフレを調整しているのが日本（国）と日本銀行です。経済動向を見ながら、金利や国債発行等の調整をすることで物価の安定を図っています。

バブル崩壊後の日本は約20年のデフレ時代を過ごしています。しかもモノを安くしても、ローンなどの金利を下げても消費が思うように進んでいません。

本来は、消費が進むことで企業に利益が出て、お給料も上がり、インフレになっても対抗できるのですが経済状況が改善していない中、モノの値段だけが上がってしまうという状態になりつつあります。

さらに増税が！？ 2019年10月、消費税は10％に引き上げられます。輸入依存で物価も上がっているのに消費税まで上げちゃうの？ と思われますよね。消費税を上げないと日本経済（家庭でいう家計）は火の車なのです。

図4-6で日本の家計簿とも言える一般会計歳出・歳入を見てみましょう。

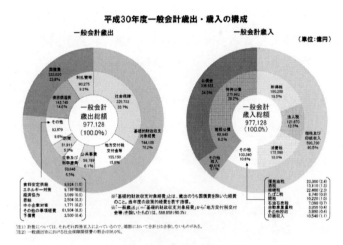

図4-6：一般会計歳出・歳入の構成
（財務省ホームページより）

収入にあたる歳入は主に所得税、法人税、消費税となります。支出にあたる歳出1位は社会保障費、2位が地方交付税、3位が公共事業費です。

　どれも必要な費用なのですが、社会保障費がダントツ1位となっており、日本の家計を悩ませています。ここまで読んで頂いた方はお分かりですね。高齢化に伴い、社会保障費が急激に増えているのです！

　国債で調整しているので分かりにくいのですが、毎年約10兆円の赤字を出しています。

　歳入（収入）－ 歳出（支出）＝マイナス10兆円

　歳入と歳出のバランスをプライマリーバランスと言いますが、マイナス10兆円を少しでもうめるのに一番早いのが消費税を増やすこと、つまり増税だと言われています。

　これまで家計の火の車を国債で調整してきたのですが、いよいよ限界があり、消費税を上げ、年金受給者にも負担をお願いし、なんとかやりくりしている、というのが日本経済の現状なのです。

資産計画・お金

第4章　投資の必要性

75

6. 日本でできる投資とは

　あーー、もう不安すぎて、理想的なセカンドライフとか考えてられない！ という叫びが聞こえそうです。

　私もＦＰになりたての時は、金融商品の勉強のために様々なデータや情報をチェックしていました。学校や会社で習わなかったこと、ニュースでも取り上げていないこと、本当は目をそむけてはいけない現実、知らなかったことの恐怖、そして将来について──

　知れば知るほど、不安や恐怖を感じました。それと同時に「逃げたくはない！」「みんなにも知らせなくちゃ！」という思いがふつふつと湧き出てきたのです。

　専門用語を使わずに、できるだけ分かりやすくコラムを書いたり、セミナーでお話させて頂いたり、個別カウンセリングではその方にあった解決策や資産計画を立ててきました。不安や恐怖に打ち勝つには、自分に武器がないといけないのです。

　それは、情報や知識だけでなく実際の資産計画！

でも、日本は投資も遅れてるし、輸入依存だし、日本に
いて投資なんてできるの？と思う方もいらっしゃるでしょう。

　答えはYes! です。日本にいても様々な投資ができます。
しかも、皆さん既に投資しているのですがお気づきでしょ
うか？

　「預貯金」これも立派な投資先です。

　金利が低いので投資だと思われていないのですが、銀行
や郵便局に預けた（投資した）お金は運用されています。
通帳記帳すると利息が入っていますよね。今は普通預金が
0.001％や定期預金も 0.010％など、とても金利が低いの
で増えたという感触はないでしょう。しかし、これも立派
な投資の１つなのです。

　日本人は所有資産の約 50％を現金・預金に投資してい
ます。増えないところに半分も……では、他にはどこに投
資できるのでしょうか？

資産計画・
お金

第4章　投資の必要性

日本にいながらにしても、株式や投資信託、不動産や保険など様々な商品に投資することができます。

　リスクが高いけれどもリターン（利益）が高いものもあれば、ミドルリスク・ミドルリターンのもの、預貯金はローリスク・ローリターンに分類されます。

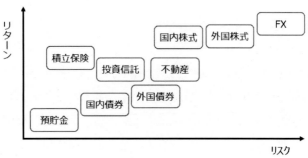

図4-7：投資商品のリスクとリターン

　リターン（利益）はそれぞれの金融商品によって異なります。株式であれば配当金や売却益、不動産であれば家賃収入、保険や投資信託では配当や運用利益など様々です。

　リターンについては「年間運用率○％」「○％の利益が見込めます」など各金融商品のパンフレットやポスターでも大きく書かれているので分かりやすいですね。

ですが、投資にはリスクがつきものです。リスクはパンフレットの裏面に小さく書かれているので要注意です！

　リスクがあるということ、それがリターンに対してどのぐらいのものなのかを知ることが必要です。

表 4-2：投資商品のリスク・注意点一覧

商品	リスク・注意点
預貯金	金利が低く、増えない
投資信託	運用手数料が高め
積立保険	返戻率をチェック
株式	企業の業績により左右される
不動産	空き部屋のリスク
FX	カントリーリスク、急激な為替変動

　リスクをできるだけ回避する方法があります。それは、たったの２つ！

① 分散投資
② 長期運用

　たったそれだけ？　と思わないでくださいね。投資のプロでもこの２つは重要視しているものなのです。

① 分散投資

　アメリカの個人金融資産の内訳でもお伝えした通り、投資をする際は必ず分散して投資をしてください。

「１つの籠で卵を運ばない」

　もし、１つの籠で100個の卵を運んでいたとします。転んでしまい籠がひっくり返ったら？ 全ての卵を失ってしまう可能性があります。そこで、５つの籠で20個ずつ運んでみたらどうでしょう。１つの籠がひっくり返っても残りの80個は無事と言うこと。

　退職金を全てＦＸに！ という思い切ったお客様がいらっしゃいました。元本保証がないＦＸであっという間に2,000万円が水の泡に。

　せめてＦＸに500万円、株式に500万円、保険に500万円、投資信託に500万円など籠を分けていたらどうでしょうか？ ＦＸで失ったお金も他の運用先で取り戻せたかもしれません。

② 長期運用

　投資には短期、中期、長期と運用期間が短いものもあれば長いものもあります。一概には言えませんが短期運用のものは高いリターンも見込めますがリスクも高くなる傾向があります。

　全てを長期とは言いませんが、できるだけ安定した長期運用のものでセカンドライフの資産は形成された方が安心かつ計画も立てやすいでしょう。

　このように日本でも投資できることが分かりました。では、どこに相談すればいいのでしょうか？

　金融商品はそれぞれを取り扱う会社で申込み（購入）することができます。証券会社、銀行、保険会社、不動産会社、または代理店やネットでも申込みが可能です。

　しかし、多数ある金融商品のどれが良くて、どれが自分に必要か判断つかないですよね。この後の章も参考に、ご自身の所有資産と照らし合わせて、分散投資や長期運用を心がけてほしいと思います。（第6章「目標・目的の可視化」参照）

7. 投資をすると世界が広がる

　日本は大きな島国です。それ故、自国内でできるだけ解決しようとしてきた文化があります。公的年金のような世代間扶養の仕組みが生まれたのも、その国民性を反映していると思います。

　ところが、少子高齢化や長期の経済低迷、輸入依存など、想定していた経済計画から乖離してきてしまったのです。

　投資をしなかったことで、日本とアメリカの個人金融資産には大きな差が出ました。今後の日本の状況を考えると投資は必要不可欠です。

　リスクを理解し、分散投資や長期運用をすることで投資は怖いものやギャンブルではなくなります。

　もう一度、言います。「投資」とは将来のための計画性のある資産運用です。

　投資をするには、金融商品の知識だけでなく、投資したお金がどのように、何で運用されるのかを学ぶことが必要です。実はこれが、とても面白いのです！

株式投資をしている方は、投資する先の企業が何で利益を上げているのか、どのように今後の経営を考えているのかＩＲ情報などを見ながら研究します。

　同様にいずれの投資においても、どのように自分のお金が使われて、どのように自分に返ってくるのかを知ることが大切だと思います。

　日本にいながらにして、投資を通じて世界の経済状況を知ることができます。投資をすると世界が広がります。海外では子供達でもお金を投資して増やすことを知っています。何も難しいことはありません。

　働いて収入を増やすだけでなく、「お金に働いてもらう」という新たな資産計画を初めてみましょう。

第4章　投資の必要性　資産計画・お金

キーワード

学びに遅いということはありません。今から投資を学び将来の資産計画に取り入れてみましょう！

第5章

セカンドライフを支える不労所得

暮らし方・生き方

資産計画・お金

人生観・価値観

1. 不労所得とは

　総務省が発表した人口推計によると、国内の 90 歳以上人口が初めて 200 万人を突破しました。また、2016 年に仕事に就いていた 65 歳以上の高齢者は、同省の労働力調査で過去最多の 770 万人に達し、1 年間で 38 万人増えたそうです。

　社会とのつながり、生きがいといった前向きな理由だけでなく、生活費の不安や介護費用の補填など、お金が必要で働いている高齢者も増えてきました。これまでのように元気で働ければ良いのですが健康状態にも不安を抱えながらの労働はとても大変なことでしょう。

　「働いて稼ぐ」ことに美徳を感じている日本人には「不労所得」という言葉はなじみがなかったり、もしかしたら印象が悪かったりするのかもしれません。働かずして収入を得ることに後ろめたさを感じている方も。

　そもそも、不労所得とはどんなものでしょうか？

> **不労所得**
>
> 働かないで得る所得。
> 利子・配当金・家賃・地代など
> 　　　　　　　　　　（goo国語辞書より）

　日本における不労所得で一般的なものには以下がありま
す。

- ・不動産投資による家賃収入
- ・株式投資による配当金
- ・外貨預金による金利収入
- ・本の出版による印税

　不労所得の反対語は「勤労所得」です。投資が苦手な日
本人の中には「不労所得」にマイナスのイメージをもたれ
れる方もいるかと思いますが、将来に備えた資産計画の１
つとなります。

　不労所得を得るためには労力は必要です。どのように資
産を運用すれば増えるのか調べたり、投資について学んだ
り、実際に投資の手続きをしたりと「不労」なわけではあ
りません。そして不労所得はセカンドライフの生活の大き
な支えとなります。

2. お金に働いてもらう

　私たちが働くのではなく、お金が働いてくれたらどうで
しょうか？お金が働くことでお金を生む「利息」について
お伝えします。

　利息って？
　通帳記帳した時に時々入っている３円とか？

　そうなんです、現在の日本では利率が低いため、受け取
れる利息もほんのわずかです。

　私の祖父母が現役時代の頃は、銀行や郵便局でも８％な
ど高金利でした。まとまったお金を預貯金しておけば利息
が入り、孫たちにランドセルを買ってあげたり、家族を旅
行に連れていったりできた時代です。

　マイナス金利のこの時代。金利でお金を増やすことなん
てできるのでしょうか？

　できます！ パーセント表示ではピンとこないのですが、
金利が１％違うだけでも利息の差は大きくなるのです。

例えば、銀行に200万円貯蓄していても0.01％の金利では年間に受け取れる利息は200円。

　金利3%ではどうでしょうか。
200万円×3% ＝ 6万円

表 5-1：金利比較

	金利	利息
元本200万円	0.01%	200円
	1.00%	20,000円
	2.00%	40,000円
	3.00%	60,000円

　同じ元本200万円でも金利が違うだけで毎年受け取れる利息がこんなにも差があります。

　お金の貯蓄場所＝お金の置き場所を変えるだけで毎年、利息を受け取ることができます。お金の置き場所のことを専門用語で「アセット・ロケーション」と言います。

資産の置き場所
（asset=資産、location=置き場所）

現金・預貯金、投資信託、株式、保険・年金など「お金の置き場所」がアセット・ロケーションの１つです。これまでお伝えした「分散投資」ですね。

現金・預貯金	投資信託	株式	保険・年金

図5-1：アセット・ロケーション例

現在、日本円での金融商品はマイナス金利の影響から、中々金利の高いものがありませんが、外貨建ての商品には金利が高いものがいくつかあります。

私はお客様に「目的を決めてお金の置き場所」を決めるようご提案しています。

例えば、毎年の固定資産税約12万円の支払いが大変！というご相談がありました。銀行に預金していた約400万円を金利3％の積立保険に移すことをご提案。お金の置き場所を変えることで毎年約12万円の利息が受け取れるようになり、固定資産税の支払いが可能となりました。

お持ちの資産を減らすことなく、お金に働いてもらいお金を生んでいる良い例ですね。このように１つ１つの支出を不労所得により支払うことで、労働で稼ぐ必要がなくなってくるのです。

　セカンドライフでも支払う税金や保険料はたくさんあります。所得税、住民税、国民健康保険、持ち家（マンション）があれば固定資産税、車を所有していたら自動車税、年間で計算すると、かなりの金額になるかと思います。

　これらを年金で支払うのは大変です。働いて支払う？それも年齢が上がるにつれて大変になってきます。お金に働いてもらうことで、この心配はかなり軽減できると思いませんか。

3. セカンドライフに本領発揮！

　セカンドライフこそ不労所得が必要であることが分ってきました。できるだけ安定した収入が見込めるもので不労所得を得たいものです。

　不動産投資はインフレ・デフレ、いずれの景気の時でも安定した収入（家賃）が見込めるのでセカンドライフには向いていると思います。

不動産投資

　不動産投資は不動産（マンション、アパートなど）を経営することで、その「家賃収入」により利益を得る投資です。都心でしたらマンションの1室、郊外でしたらアパートやマンション1棟など金額や規模は様々です。

　不動産投資はミドルリスク・ミドルリターンの商品となります。退職前のローンが組めるうちに投資物件を購入する方も多くいらっしゃいます。ローンの支払いは家賃収入と同じくらいなので、その他の経費を自己負担することになります。

主な経費

管理費、集金代行手数料、支払い利息、固定資産税

現役時代のうちにローン返済が終わっているとセカンドライフは家賃収入から経費をひいた分がそのまま収入として使えますので年金で足りない分を補填できます。

リスクとしては「空室のリスク」があります。人口減の日本において、この空室のリスクは対策を立てておく必要があります。

空室対策

不動産投資の肝となるのは「空き室を出さない」こと。家賃収入が収入源となりますから、空き室が出ることで収入が直接的に減ります。つまり、空き室を出さないことが収益の安定につながるのです。

空室対策にはどのような方法があるのでしょうか？

まずは空室の出ない物件を選ぶことが重要ですが、万が一、空室が出てしまった場合でも対策を取ることで改善することができます。

空室対策の例

①入居者の属性を広げる
②家賃を下げずに敷金や礼金を下げる
③管理会社を変える

①入居者の属性を広げる

　日本人の人口は右肩下がりですが、近年、外国人労働者や学生の人口は増えています。また、ご高齢者の方など入居者の間口を広げることも大切です。

②家賃を下げずに敷金や礼金を下げる

　部屋が埋まらないからと家賃を下げてしまうと収入が減ることに直結します。敷金や礼金を下げたり、フリーレント期間を設けたりするなどの工夫も重要です。

③管理会社を変える

　①も②も管理会社のサポートが必要です。空室が出ないように物件の管理を丁寧に、きめ細やかなサポートをしてくれる管理会社が不動産投資には必要です。

　家賃は景気が良いから急に値上げしたり、景気が悪いからといって急に値下げしたりはしません。過去のデータからも家賃相場はあまり変化していないことが分かります。

安定した家賃収入はセカンドライフの大きな支えになる
でしょう。リターンだけでなくリスクも考慮すれば投資は
怖いものではありません。

　学びながら、情報を得ながら、セカンドライフの収入に
つながる不労所得を増やしてほしいと思います。

資産計画・
お金

第5章

セカンドライフを支える不労所得

4. 現役時代から準備することで節税も

不労所得の準備は現役時代から行うことがお勧めです。

理由は2つあります。

> ① 準備に時間がかかる
> ② 節税が期待できる

1つは、不労所得を得るには準備に時間がかかったり、すぐにはできなかったりするからです。いざ、不動産投資をするにしても下調べから頭金の準備、支払いなどすぐにできるわけではないからです。

そして、2つ目の理由は「給与収入」と合わせて行うことで節税が期待できるからです。詳しくお伝えしていきましょう。

現役時代は会社からお給料をもらい生計を立てています。日本の税金のシステムでは収入が上がればあがるほど税金がかかります。

表5-2：所得税の速算表

課税される所得金額	税率	控除額
195万円以下	5%	0円
195万円を超え　330万円以下	10%	97,500円
330万円を超え　695万円以下	20%	427,500円
695万円を超え　900万円以下	23%	636,000円
900万円を超え　1,800万円以下	33%	1,536,000円
1,800万円を超え4,000万円以下	40%	2,796,000円
4,000万円超	45%	4,796,000円

（国税庁ホームページより）

　表5-2に課税される所得金額とありますが、「収入」からさまざまな経費を引いた（控除）後の「所得」に税率がかけられて所得税として税金を納めています。

　会社員の場合、例えば配偶者がいれば配偶者控除、保険に加入していれば保険料控除が経費としてみなされます。しかし、自営業者や経営者と比較して、会社員の場合は控除できる経費は限られています。

　たくさん働いて収入が上がっても、たくさんの税金を納めることになってしまいます。

1日24時間、1年365日、時間は平等です。働いて稼ぐには限界があります。収入は上がれば上がるほど税金も引かれます。

　税金を下げる何か良い方法はないのでしょうか？実はあります！いかに収入を確保しながら節税するか、そこがポイントです！

　不動産所得などで赤字が出た場合、給与所得の黒字と相殺できる「損益通算」という制度を使うことができます。サラリーマン大家さんはこれを活用しているのですね。

　損益通算できる所得は以下の4つです。

不動産所得	事業所得
山林所得	譲渡所得

　建物の減価償却費や管理費、固定資産税などの必要経費が家賃収入を上回れば、不動産所得は赤字になり、他の所得（給与所得）から差し引くことができます。これにより税金が軽減できます。

不動産所得は不労所得になりますが、これは現役時代の節税にもつながり、セカンドライフには大きな支えとなる収入になります。

　注意点が１つ。所得が下がるということは、厚生年金や健康保険などの保険料を決める「標準報酬月額」も下がることを意味しています。

　標準報酬月額の等級が下がることで、将来、受け取れる厚生年金が減ったり、社会保険などの給付が減ったりといったデメリットがあります。

　等級が変わらない範囲でしたら問題はないのですが、事前に計算をして、十分理解した上で投資を検討してください。

資産計画・お金

第5章　セカンドライフを支える不労所得

5. 将来の収入を増やす自己投資

　ここまで、金融商品や不動産などを活用した不労所得についてお話してきました。セカンドライフだけでなく現役時代にも考慮してほしい投資が他にもあります。

　それは「自己投資」です。

> **投　資**
>
> 　利益を得る目的で、事業・不動産・証券などに資金を投下すること。転じて、その将来を見込んで金銭や力をつぎ込むこと。「土地に―する」、「若いピアニストに―する」
>
> （goo辞書より）

　投資はお金を投じて利益を得ることが目的です。お金を投じる先はいわゆる金融商品だけではありません。辞書にある通り、「人に投資する」のも投資のひとつです。アーティストが所属する会社（事務所）を思い浮かべると分かりやすいかもしれません。

　無名の若い人の「才能」に投資をする（プロモーション活動など）ことで、市場価値が上がった際に会社は利益を得ることができます。

このように、事業・不動産・証券などの金融商品だけでなく、「人」に投資をすることもできます。

しかし、私たち一個人が他人に投資をし、利益を得ることは少々難しいかと思います。ですが、一番身近な「自分」に投資をしてみてはいかがでしょうか？

私は日頃からＦＰとしてお金の使い方についてお話をしておりますが、この「自分に投資をする＝自己投資」のお金は重要だと考えております。

習い事、人付き合い、自分磨きなど様々ですが、いずれも無駄にはなりません。取得した資格をすぐに仕事に使えるといった利益のほかに、経験や人脈が将来の自分にプラスになるといった利益もあります。

時間とお金を費やした結果、得られる利益にはどのようなものがあるのでしょうか。

・資格を取得し、就職や転職に役立てる
・人脈を広げ、学業やビジネスに活用する
・自分を磨き、気持ちをUPさせ、勉強や
　仕事が頑張れる

資産計画・お金

第5章　セカンドライフを支える不労所得

私は人事部で採用担当をしていた経験がありますが、新規採用をする際は資格の有無などを採用の判断基準にもしていました。

　また、昇進や重要なポジションの人選をする際は、その人の知識や経験だけでなく、人脈や人望といった点も選定の材料にしていました。

　つまり、可視化できないものでも、その人の価値として見られる機会があるということ。自己投資はすぐに利益につながらない場合も多々ありますが、長い目で見ても自分にプラスの作用があると思います。

　セカンドライフまでの現役時代も60年超と長きに渡ります。少しでも自分の価値を高めておくことでセカンドライフに働く際には仕事の幅が広がったり、高単価（高時給）で働けたりとプラスの効果があると思います。

　私のキャリアの中で例をあげてみますと、正社員から派遣社員へ転職した際は一般事務で時給1,500円でした。その後、パソコンのスキルを上げてＯＡ事務のお仕事に就いた時には時給1,800円。さらにエクセル上級、アクセスなどのお仕事に就いた際は時給2,300円となりました。

FP職も同様に、３級レベルであれば執筆料ももらえない程度でしたが、２級にスキルアップし、記事の連載をすることで執筆料や監修料を頂けるようになりました。労働単価が上がっているので、若い頃のようにたくさん働かなくて済みます。

　労働単価を上げるためにも自己投資は大変重要だと考えられます。自己投資がセカンドライフに良い影響を与えてくれると私は思います。

資産計画・お金

第5章　セカンドライフを支える不労所得

6. 週末起業のススメ

　約20年間、会社勤めをしてきた私が起業したのは「週末起業」が始まりでした。これまで、働けばお給料が頂ける安定した生活を送っていましたので、急に起業1本でやっていくには不安があったからです。

　案の定、起業したての頃はFP業だけで食べていくのは難しく、会社からのお給料が主な収入となっていました。平日は会社勤め、週末を利用してFPの活動をしながらようやく3年目くらいからFP業だけで生計が立てられるように。こうした下積みがあったからこそ、数少ない独立系FPとして活動ができているのだと思います。

　セカンドライフは会社を退職してからスタートします。新たに自分がやりたかったこと、現役時代ではできなかったことで起業する方も多くいらっしゃいます。しかし、急に起業するにはお金も労力もかかります。

　現役時代から少しずつ準備をすることで、スムーズにセカンドライフの収入源の確保やライフワークにつながります。そんな「週末起業」をオススメしています。

> **週末起業**
>
> 　週末や退勤後の空いた時間を利用して自分の望む事業を始めること。

　自らが起業したことで、多くの起業家（特に女性起業家）の方々と接する機会が増えました。

　実感することは「週末起業は特に女性に向いている！」ということ。

　バイタリティーがあり、社交性の高い女性にとって会社でのお仕事だけでは物足りないと感じている方が多いようです。趣味や経験を活かした週末起業で、収入だけでなく充実感が得られると、多くの女性が起業しています。

資産計画・お金

第5章　セカンドライフを支える不労所得

事例④ Kさん(30代: 女性)

　会社勤めをしながら、アクセサリーを作成しネット販売。自らが作った商品を販売するだけでなく、アクセサリー作りの楽しさを広めたいと「アクセサリー教室」を週末で開催したKさん。

　自分の好きなデザインで作りたいという女性や、彼女や奥様へのプレゼントにと男性の方まで、多くの方に参加してもらい、とても嬉しいと仰っていました。

　週末起業により収入が増えるだけでなく、お客様と接することでの充実感を得ることができたそうです。

　現役時代からの週末起業の経験がセカンドライフにも活かせると思います。ご自身の好きな時間でアクセサリーを作成し販売できる、素晴らしいスキルですね。セカンドライフにおいても時間を有意義に使うことができ、かつ収入を得ることにつながります。

事例⑤ ▶ Ａさん（40代：女性）

　週末や空いた時間を使い翻訳業を営む子育て中のＡさん。ずっと英語（翻訳）を使ったお仕事を希望されていたのですが納期に追われる業務が多く、家事や育児との両立は難しいと断念。

　そんなとき、大学時代のご友人から翻訳のお願いがあり、納期も長めだったため、引き受けたことから、「やはり翻訳のお仕事がしたい！」と実感されたそうです。

　そこで空いた時間を利用して、翻訳のお仕事を開始。ご自身のホームページだけでなく、フリーランスの方が利用しているサイトにも登録をしてお仕事を受注しています。自宅にいながら、自分のペースで仕事ができ、さらに社会とつながることが何よりの喜びだそうです。

　現役時代は生活のために好きなことを諦めることも多々あるかと思います。セカンドライフはたっぷり時間がありますので好きなことでお仕事ができたら、さらに充実した生活を送ることができますね。

なぜ女性が週末起業に向いているのか？　それは、女性のライフスタイルは変化に富んでいるからだと思います。結婚や出産、子育て、親の介護など、長い人生の中でお仕事の仕方を変化させなくてはならないタイミングが多々あります。

　ライフスタイルの変化だけでなく、20代、30代、40代、50代と女性の身体には変化が生じます。ホルモンバランスや体調の変化でこれまでと同じようにお仕事ができない……といったことも。

　女性はそうした外的・内的なさまざまな変化を乗り越えなくてはいけないのです。そして、その変化をチャンスに変えるきっかけが「週末起業」なのではないでしょうか。

　セカンドライフの大きな支えにもつながる週末起業で退職後の不安を少しでも軽減して頂きたいと思います。

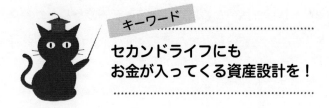

キーワード

セカンドライフにも
お金が入ってくる資産設計を！

第6章
目標・目的の可視化

暮らし方・生き方

資産計画・お金

人生観・価値観

1. お金のバランス

何事もバランスが大切です。お給料から必要な費用を引いて残りは全部使ってしまう？ 全部、投資にあててしまう？ お金の使い方のバランスをみてみましょう。

図 6-1：お金のバランス

お給料（収入）から家賃や光熱費、通信費や食費など生活に必要な費用（支出）を差し引きます。手元に 10 万円残ったとしましょう。全額、お買い物で使いますか？

答えは No ですよね。

増やす・使う・守る、大きく 3 つに分けて、お金のバランスを考えます。

「増やす」お金はこれまでお伝えしてきた投資のお金です。セカンドライフのために貯める、増やすお金はとても大切です。

「使う」はイメージしやすいでしょう。旅行や買い物、習い事や勉強に、お友達との交流や人脈を広げるためのお付き合いなどにお金を使うことも大切です。

「守る」お金は、将来、病気やケガになっても収入や貯金を減らさないための保険等のお金です。リスクヘッジ（リスク回避）に必要な守るお金も大切です。

また、お金の価値が減るのは物価が上がった時とお伝えしました。将来、モノの値段があがった場合、消費税増税があった場合を想像してみてください。

貯金していた1,000万円の価値は800万円くらいに下がってしまうかもしれません。お金を増やすことで、将来のお金の価値を減らさないようにすることができます。

図6-2は物価上昇した場合の1,000万円の価値がどうなるのかを表したものです。物価が上がらなければ上昇率は0％なので20年後も同じ1,000万円の価値があります

111

が年3%物価上昇した場合、20年後には553万円の価値になってしまいます。1,000万円が半分くらいの価値になってしまうということです。

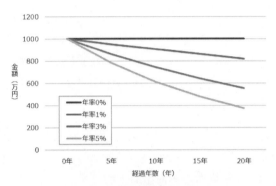

図6-2：物価上昇別の金額の推移

　1,000万円を貯金しているから安心、ではなく増やす努力をしないと物価上昇に耐えられないということです。将来のお金の価値も考えて、お金を増やす努力をしていく必要があります。

　このように、お金のバランスを考えながら増やしたり、使ったり、守ったりすることが重要です。

2. 生活に必要なお金の試算

不安はどこからやって来るのでしょう？

セカンドライフのお金の不安は、その中身や事実が見えにくいことにあります。まだ、１度もセカンドライフを過ごしていないので当然です。

お金は足りるのかな？
介護が必要になったらどうすれば？

メディアでも不安を与える情報が多いため、漠然としたセカンドライフへの不安が私たちを襲ってきます。

お金の不安を軽減するには「可視化」することが重要になってきます。いくら必要なのか、いくら足りないのか、何で補えるのか、１つ１つ問題や不安を可視化し、解決方法を探していくのです。

本節ではセカンドライフのお金の可視化をするために「支出」「収入」「資産」「シミュレーション」の４つのCHECK（チェック）を行います。

CHECK 1 　支出の確認

　セカンドライフに必要な生活費、税金、保険料、医療費
等の支出を確認します。

①　生活費の確認
　まずはセカンドライフの生活費（支出）を試算します。

　＜主な生活費＞
　　・居住費
　　・食費
　　・光熱費
　　・通信費
　　・教養、娯楽費

②　税金、保険料の確認
　次に税金や保険料を試算します。セカンドライフも税金
や保険料を支払うことになります。所得により金額は異な
りますが、ファーストライフの報酬等から概算できますの
で、確認しておくと良いでしょう。

表 6-1：セカンドライフの税金

支払い義務のあるもの	個人によって異なるもの
所得税	固定資産税
個人住民税	自動車税
復興特別所得税	－

表 6-2：セカンドライフの保険料

支払い義務のあるもの	個人によって異なるもの
国民健康保険料	火災保険
介護保険料	地震保険
－	生命保険等

　概算が出せない場合は、現在の税金や保険料の支払い金額で見積もりしておいてください。

③　医療費の確認

　最後に医療費です。こちらが一番、可視化がしにくい費用（お金）となります。何故なら、いつ病気やケガをするのか、いくら必要なのか、いつ介護が必要になるか分からないからです。

　②の国民健康保険だけではカバーできない部分については、一般の生命保険で備える必要があります。既に保険に加入されている方がほとんどかと思いますので「使える保険」かどうかのチェックをお願いします。

●医療保険

□ 保険期間は終身になっているか？

□ 通院の保障はあるか？

□ 手術保障の金額

□ セカンドライフの保険料の確認

●がん保険

□ 保険期間は終身になっているか？

□ 診断給付金はあるか？

□ 手術給付金は何年ごとに出るか？

□ セカンドライフの保険料の確認

　現在は高額医療制度がありますので、手術など医療費が高額になっても国からの補助で自己負担は少なくて済みます。しかし、今後の少子高齢化を考えると、この高額医療制度も国からの補助が少なくなる可能性もあります。

　そうなると、ご自身の自己負担が多くなりますので保険である程度の医療費をカバーする必要があります。

また、保障範囲は各保険会社によって異なりますのでチェックが必要です。

　例えば三大疾病の1つ「心筋梗塞」は3.3万人の方が患っているのに対して、「心疾患」は172.9万人もの方が！ご加入の保険が心筋梗塞に対応しているのか、心疾患に対応しているのかで、カバーしてくれる疾患の範囲はかなり違いがあります。

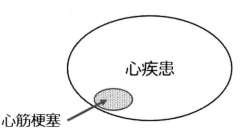

図6-3：心疾患における心筋梗塞の割合

　最近は手術後の入院日数も短く、通院での治療が多くなってきています。最新の治療方法や医療制度にあっているか等、ご加入の保険の確認も必要です。

　保険証券は専門用語が多く、どんな保障に入っているのか分からない方がほとんどです。私たちFPなど専門家に見てもらうと良いでしょう。

セカンドライフでも保険料を支払う場合は、③医療費（生命保険等）に保険料を入れて試算してください。

＜CHECK 1.支出の確認　まとめ＞

① 　生活費の確認 　　　　　　　　　　　　　　　　円

② 　税金、保険料の確認 　　　　　　　　　　　　　円

③ 　医療費（生命保険等）の確認 　　　　　　　　　円

試算した①～③の合計額が**セカンドライフの支出**となります。

合計額 　　　　　　　　　　　円／月……（A）

CHECK 2　収入の確認

「ねんきん定期便」で年金額を確認します。

年額で書いてありますので 12 ヶ月で割ってください。

（実際の年金は 2 ヶ月毎に支給されます）

年金額÷12 ヶ月　＝ _____ 円／月……（B）

CHECK 3　資産の確認

お持ちの資産を確認します。

退職金（予定）、預貯金を合計します。

・退職金　_____ 円

・預貯金　_____ 円

・その他　_____ 円

　合計額　_____ 円……（C）

CHECK 4　セカンドライフの支出入のシミュレーション

① 支出と収入の比較

支出の合計から年金（月額）を引き、毎月の不足金額を
算出します。

計算式：（A）－（B）＝　不足金額……（D）

> **例**
> 支出の合計　　年金（月額）　　不足金額
> 32万円　－　18万円　＝　14万円

② 不足金額のカバー年数

現在の資産合計を不足金額で割り、カバーできる年数を
算出します。

計算式：（C）÷（D）÷12ヶ月　＝　カバー年数……（E）

> **例**
> 資産合計　　　不足金額　　　　　　　カバー年数
> 3,000万円　÷　14万円　÷　12ヶ月　＝　約18年

③　セカンドライフに必要な金額の算出

　例の場合、毎月 14 万円の不足金額が出ましたが、現在お持ちの資産により、18 年分はカバーできることが分かりました。退職年齢が 65 歳とすると、現在の資産で生活可能な年齢は 83 歳までとなります。

計算式：退職年齢 ＋（E）＝　生活可能年齢……（F）

例
退職年齢		カバー年数		生活可能年齢
65歳	＋	18年	＝	83歳

　平均寿命が伸びていることを考えると、もう少し収入や資産がほしいところです。仮に想定寿命を 90 歳まででシミュレーションした場合、以下となります。

計算式：想定寿命 －（F）＝　資産不足年数……（G）

例
想定寿命		生活可能年齢		資産不足年数
90歳	－	83歳	＝	7年

現在の資産では想定寿命までに7年間分の資産が不足することが分かりました。現在の資産にプラスして、どのぐらい貯蓄すれば良いのか算出してみましょう。

計算式：（D）× 12か月 ×（G）＝ 貯蓄目標

	不足金額		資産不足年数	貯蓄目標
例	14万円 × 12ヶ月 ×		7年	＝ 1,176万円

　90歳まで安心して生活をするには約1,000万円が必要になることが分かりました。

　ファーストライフのうちから、1,000万円を目標金額として貯蓄や投資をしていく、もしくは不労所得で収入を上げるなどの対策が必要になります。

3. 貯金の目安、投資のステップ

　お金のバランスが大切なこと、セカンドライフの生活に必要なお金がどのくらいなのか、いくら不足しているのかが分ったところで、次は何で貯めていくかを検討していきたいと思います。

　投資のファーストステップ、まずは貯金からスタートしてみましょう！ これまで意識をして貯金していなかった方もセカンドライフのためにこれからは意識的に貯金をしてみてください。

　いつも家計が残った分を貯金している…これでは計画的な資産計画はできません。「先取り貯金」と言って、支出する前に貯金の金額を引いてしまいましょう！

> ×　収入－支出＝貯金
> ○　収入－貯金＝支出

　マネーセミナーの参加者の方からよくある質問で、どのくらい貯金したら良いのですか？ とありますが、まずは年収から何パーセントくらいというものを目安にすると貯金額が設定しやすくなるかと思います。

資産計画・お金

第6章　目標・目的の可視化

123

> **＜年収に対する貯金の目安＞** （例）年収400万円
>
> 貯金初心者……年収の10%　　　　　3万円／月
>
> 貯金中級者……年収の20%　　　　　7万円／月
>
> 貯金上級者……年収の30%　　　　 10万円／月

　これまで意識的に貯金をしたことがない、という方は貯金初心者の年収10%からスタートしてみましょう。1年後、かなりまとまった金額が貯金できていると思います。少しずつ家計を見直し、無駄な支出がなくなってきたら20%、30%とステップアップしてみてください。

　1,000万円を60歳までに貯める！
と目標を立てたとします。貯金は早ければ早いほうが楽なのです！

表6-3：1,000万円を60歳までに貯める貯金期間と月々の貯金額（概算）

年齢	20歳	30歳	40歳	50歳
貯金期間	40年間	30年間	20年間	10年間
月々の貯金額	20,000円	27,000円	42,000円	83,000円

　表6-3のように20歳の方でしたら貯金期間が40年間もありますので月々20,000円ずつの貯金で済みますが、50歳から貯金しようと思うと月々83,000円と負担は大

きくなります。できるだけ早いうちから貯金をクセづけしておくと楽に貯金をすることができるのです。

「第5章 2.お金に働いてもらう」では、金利でお金が増えることをお伝えしました。この貯金も金利の高いところで貯金することで、利息が利息を生み出す複利の効果によりお金が増えていきます！

1,000万円を金利（年率）の違うところで運用した場合、図6-4のようになります。

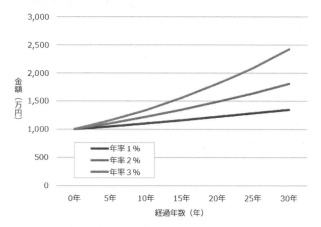

図6-4：金利別の推移

1年目、元金1,000万円に利息がつきます。

2 年目は元金 1,000 万円＋利息に利息がつきます。

運用したての頃は大きな差はないのですが運用年数が経つにつれて、利息が大きくなってきます。ここで複利について、おさらいしておきましょう。

> **複利（ふくり）**
>
> 　利息の計算方法の一つで、単利に対するもの。利息計算の場合、一定期間ごとに利息を元金に付加し、これを新たな元金として逐次算出する方法で、まれに重利とよぶこともある。利率が同じでも、期間が長くなるほど、複利による利息のほうが単利によるものよりも大きくなる。
>
> 　（日本大百科全書（ニッポニカ）より）

例えば年利 1％で運用すると元金 1,000 万円は 30 年後、1,347 万円になっています。利息が 347 万円ついたことになります。

年利 3％の場合、30 年後には 2,427 万円に！ 利息が元金を超えて 1,427 万円ついたことになります。元金の倍以上に増えたのです。

お金を倍にするのに、どのぐらいの年数が必要か計算できる方法があります。

72 の法則

預けたお金が2倍になるまで何年かかるかを簡単に計算してしまう方程式です。

72 ÷ 金利 ＝ 預けたお金を2倍にするまでの年数

72	÷	0.001	=	72,000	年
72	÷	0.01	=	7,200	年
72	÷	0.1	=	720	年
72	÷	1.00	=	72	年
72	÷	2.00	=	36	年
72	÷	3.00	=	24	年

預貯金の0.001%では、お金が増えるまでに非常に長い時間がかかることになります。ファーストライフのうちにお金を増やすには金利の高いものでの運用が必要となってきます。

このように複利の効果を発揮するには、「金利」と運用する「時間」が必要です。金利の高い商品で長期運用する

ことでお金が増えていくのです。

　退職金がない、年金が少ないという方こそ、先取り貯金をし、金利と時間を味方につけてお金を増やしてほしいと思います。

　貯金も意識的に行えば、かなり貯められることが分かります。先取り貯金を１年も行えば、無計画だった頃と比べて通帳残高はかなり差があることに気づかれるでしょう。

4. 足りないお金は何で貯める？どうやって増やす？

貯金ができるようになりました。皆さん貯金ができるようになると「その後、何をしたら？」と向上心がわいてきます。

「第4章　6.日本でできる投資とは」では、投資商品にはリスクとリターンの関係があることをお伝えしました。

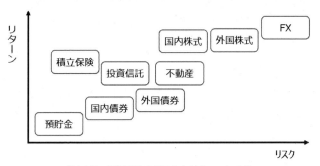

（図4-7：投資商品のリスクとリターン）より

まずはリスクの少ないモノからステップアップすることをお勧めしています。

図6-5：リスク別の投資例

　投資の経験を積んでいくと、リスクの許容範囲も広がってきます。投資する商品同士でバランスを取ったり、投資で増えたお金で再投資したりと応用もできるようになってくるのです。

　「第５章　2.お金に働いてもらう」で、お金の置き場所についてお伝えしましたが、実際にはどのような置き場所があるのかをご紹介します。

　お金の置き場所（アセット・ロケーション）は株や投資信託、保険といった大きなくくりだけでなく、どんな商品で運用するかといった運用先にも使われます。

「株式や投資信託」におけるアセット・ロケーション（資産の置き場所）のイメージは図6-6のとおりです。

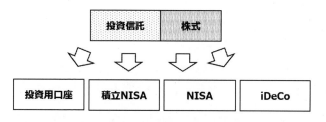

図6-6：株式や投資信託のアセット・ロケーション

株式や投資信託で資産運用を行う場合、主に表6-4のような投資場所があります。

表6-4：投資場所の比較

	投資用口座	積立NISA	NISA	iDeCo
運用期間	制限なし	20年	5年	60歳まで
年間投資額の上限	上限なし	40万円	120万円	81.6万円
運用時の課税	課税	非課税	非課税	非課税
お金を出す時の課税	課税	課税	課税	非課税
損益通算	できる	できない	できない	できない

投資額や投資先を自由に決めたい方は投資用の口座で、少額から始めたい方はNISA、年金用に長期で運用したい方はiDeCoなど、使い分けることができます。

また、同じ株式投資信託の商品に投資をする際、投資用の口座ではなく「運用益非課税」となるNISAやiDeCoなどを利用すると、同じリターンがあった場合も実質的には後者の方がリターンは向上します。

　このように、株式や投資信託を行うには、いくつかある投資場所の中からどこで運用をするのかを決めるアセット・ロケーションも重要になってきました。

　他にもアセット・アロケーションという言葉があります。似た言葉なので意味をご紹介します。

> **アセット・アロケーション（asset allocation）**
>
> 　資産を、国債などの債券・株式・不動産投資信託（REIT）・投資信託・生命保険・デリバティブ・定期預金等の各種金融商品や不動産などへバランスよく配分して運用すること。分散投資。資産配分。資金配分。
>
> （コトバンクより）

　例えば、「日本株式に20％、先進国株式に5％……」など資産配分することを「アセット・アロケーション」といいます。（asset＝資産、allocation＝配分）

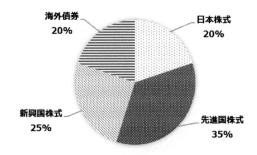

図6-7:アセット・アロケーション例

　アセット・アロケーションも重要ですが、「アセット・ロケーション」を決定する方が優先度は高いと言えます。

　どこで（アセット・ロケーション）、何を（アセット・アロケーション）運用するのか？
を決めることが重要です。

　では、実際にはどのようにすれば良いのでしょうか？

　運用して増やしたお金を何に使うのか、その「使用目的」をイメージすると決めやすいかと思います。

表6-5：使用目的別のアセット・ロケーションとアセット・アロケーション

使用目的	どこで アセット・ロケーション	何を アセット・アロケーション
10年後の家の購入費用	積立NISA	株式投資信託 50% 公社債投資信託 30% ETF 20%
老後の生活費用	iDeCo	株式投資信託 50% 公社債投資信託 50%

10年後の家の購入費用などは非課税で運用できるNISA
で、セカンドライフの生活費用などは長期間、運用できる
iDeCoで貯めるなど使用目的を考え、使い分けると良いか
と思います。

セカンドライフで足りない金額を補えば良いのですから、
使用目的に合わせた投資先を1つずつ決めていくと良いで
しょう。

○目的別の投資先例
　生活費　不足分3万円……私的年金（iDeCo）
　税金、保険料、その他……不労所得（不動産投資）
　医療費……保険

誰しも年金だけではお金が足りなくなると分っていながら、その対策や準備は後回しになっています。できるだけ早いうちから準備しておくことで、負担も軽減できます。

　不安要素は書き出してみれば10個も20個もありません。不安を1つずつ解決していくと安心感が生まれてきます。最初は不安だった投資もお金が増えることで面白くなってきます！

　不安を可視化し、必要なお金を何で貯めていくのか、お金をどこで増やしていくのかを考えていきましょう。

資産計画・お金

第6章　目標・目的の可視化

5. 女性は特にリスクヘッジが大切

　医療の進歩や栄養面の向上、健康への意識が高い日本では平均寿命は年々伸びてきています。

　一方でがんの死亡者数は年々増えており2人に1人の割合で亡くなっています。死亡者数の増加原因はやはり高齢化にあります。がんは体力や免疫力が落ちるほど、かかりやすい病気であるため、高齢化が進むことでがん患者が増え、がん死亡者数も多くなっているのです。

　生涯でがんにかかる確率は、男性が54%、女性が41%となっています。男性の2人に1人、女性の2.5人に1人がガンになる計算です。

　がんを発症する確率に大きな男女差はありませんが、発症する年齢には男女差が存在します！男性は60歳を過ぎた頃から、がんの発症率が高くなっていくのですが、女性は20代や30代にも発症率が高くなるがんがあります。

　それは「女性特有のがん」です。

女性特有のがんとは、どのようなものがあるのでしょうか？ 代表的なものは以下となります。

> ①　乳がん
> ②　子宮がん
> ③　卵巣がん

　女性特有のがんは若いうちにかかる病気です。働き盛りの時期に、がんになることを想像してみてください。

・治療費や手術費が必要となる
・仕事をする時間も限られてしまう
・治療後の人生も長い

　例えば、乳がんの手術後、身に着ける下着は特別なものになります。抗がん剤治療中は髪が抜けてしまうため、ウィッグも必要です。月に数日、通院治療をしますので今までと同じ収入を確保することが難しくなります。

　病気の治療や手術費だけでなく、その他に必要な費用はばかになりません。それら全てを貯金で補うのは、難しいことが分かるかと思います。

「使える保険」に加入しているのか、改めて保険証券を確認してみてください。通院に対応していますか？ 十分な治療費は保証されていますか？ 再発の際も治療費はカバーできますか？

　乳がんの発見が遅れる背景に、検診に行っていないという理由があがりました。先進国の中でも、日本は特にがん検診の受診率が低いのです。保険に入っていないからと経済的な理由から病院へ行くのが遅くなるといったケースも多いそうです。

　若いうちから発症する女性特有のがんもあり、長生きの女性にとってリスクヘッジはとても重要です。

＜気をつけておきたい点＞
　① 婦人科検診を定期的に受診
　② がんの手術・治療費をカバーできる保険に加入しているかをチェック

「第1章　1.昔と今の違い」で、健康寿命についてお話しました。平均寿命と健康寿命の差は男性が10年以下、女性が12年となります。平均寿命以降を合わせると、かなり長い期間、補助や介護が必要だったり、通院や治療が必要だったりといった期間があることが予測されます。

血管が細い女性は心疾患や脳血管疾患により介護が必要になるケースが男性よりも多いと言われています。

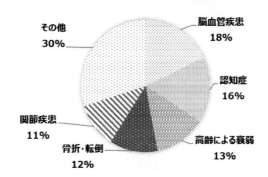

図6-8：介護が必要となった主な原因
（厚生労働省：平成25年国民生活基礎調査の概要より）

セカンドライフにおいて、女性は特に病気やケガのリスクに備える必要があるのです。

> **介護施設入所率**
>
> 　介護保険施設の利用状況に関する調査では、平成25年9月時点での入所者の男女比率は男性が22.5%、女性が77.5%と、女性の入所比率が非常に高い状況となっています。
>
> （厚生労働省ホームページより）

　65歳でセカンドライフに入った場合、平均寿命の87歳まで22年間となります。この22年間、お金を気にせずに健康に備えたり、病気やケガの治療をしたりできたら安心ですよね。守るお金は保険が最適だと思います。

　保障の内容や保険料など、比較サイトを利用して自由に選べる時代です。保障内容についてはチェックポイント等をお伝えしましたが、ここでは保険料をお得に支払うポイントについてご紹介します。

　1つは保険料の支払い期間、もう1つは支払い方法です。

保険料が安いからと言って、保険料支払期間を終身にしていませんか？

　保険料の支払い方法には、大きく分けて「終身払い」と「短期払い」があります。

表 6-6：保険料支払い方法の比較

支払い方法	終身払い	短期払い
支払い期間	終身 （解約するまで、ずっと支払う）	一定期間 （10年、15年、60歳、65歳など）
保険料	安い	支払い期間が短いほど高い
メリット	月々の保険料が安い	保険の総支払額が安い
デメリット	定年後も支払いが続く	月々の保険料が高い

　平均寿命まで終身払いをすると以下のような総支払額になります。

＜シミュレーション＞
30 歳女性：医療保険

保険期間　　　　　：　終身
保険料支払い期間：　終身

月 3,350 円×12 ヶ月×57 年＊＝ 2,291,400 円
＊平均寿命までの年数（87 歳－ 30 歳）

月々の保険料は安いものの、総支払額は平均寿命までで約230万円。かなり高額になります。そこで、支払い期間を短くしてみると、どうなるでしょうか？

表6-7：支払い期間別の保険料の比較

医療保険	月々の保険料	支払い完了時の年齢	総支払額
終身	3,350円	終身 （87歳と仮定）	2,291,400円
10年払い	11,200円	40歳	1,344,000円
15年払い	7,670円	45歳	1,380,600円
60歳払い	4,543円	60歳	1,635,480円
65歳払い	4,105円	65歳	1,724,100円

※保険商品、保険会社により異なりますのでご注意ください。

　表6-7のように同じ保障なのに、総支払額にはかなり差がでます！ 平均寿命以上に長生きした場合は？ 定年後も月々数千円の保険料を支払う負担は？

　短期払いと言われる保険料の支払い期間を短くすることは、月々の保険料の負担は多くなりますが、総支払額は低くなり、セカンドライフにおいて支払いがなくなるというメリットも十分にあります。

また、お得にするもう一つの方法は、クレジットカード支払いにすることです。保険料の支払い方法をクレジットカードで行うことでクレジットカードのポイントもたまり、さらにお得になります。

　注意点：クレジットカードを利用できる保険会社は限られておりますので、ご確認ください。

　お買い物だけでなく生活費の固定費（通信費、光熱費、保険料等）もクレジットカードで支払うことで、ポイントがたまり、必要なものはポイントを利用して購入するなど家計を工夫することができます。ポイント好きの女性にとっては良いことずくめですね！

　このように女性特有のがんや、介護など平均寿命の長い女性にとって、リスクヘッジのできる保険は大切です。保険料もお得に支払いながら、十分な備えを用意してほしいと思います。

6. 自分に合った資産運用

これまでセカンドライフに必要なお金について様々な角度からお伝えしてきました。では、実際にどのような資産運用をしていけば良いのでしょうか？

まずは現在の所有資産の確認から始めてみましょう。

表 6-8：所有資産のセルフチェック表＜例＞

資産	価格（価値）	価値の増減	リスク
不動産（自宅）	3,000万円	減る	中
現金・預貯金	500万円	減る	低
株・投資信託	200万円	不明	高
保険	300万円	増える	低
その他	動産50万円（絵画）	不明	不明

今、自分はどのような資産を所有しているのか、その資産は将来どのぐらいの価値になっているのか（増減）、リスクはないのか等をセルフチェックします。

次に自分の性格や働き方などをふまえながら、どのような投資が向いているのかを確認します。

私はＦＰの立場から、図6-9のように金融商品別の適正イメージをお伝えしています。

株
•余剰金がある人
•企業や為替の動きをマメにチェックできる人

投資信託
•少額から投資がしたい人
•商品内容やリスクを理解できる人

保険
•元本が保証され、安心して運用したい人
•貯蓄が苦手な人

図6-9：金融商品別の適性イメージ

　株はハイリスク・ハイリターンの商品ですので、ある程度、投資の経験もあり、生活費からではなく余剰金がある方にお勧めしています。

　株はちょっと金額も高いので心配、という方は投資信託も良いですね。iDeCoやNISAなど様々なロケーションで始められます。

積立て保険（年金保険など）も保険でありながら資産を増やす投資商品となります。元本保証があるものや、運用率の高い商品から選ぶと良いでしょう。

　投資の基本は「分散投資」とお伝えしました。今、所有する資産とは異なる商品で投資をする、または通貨分散（円、ドル、ユーロ等）するなど分散することが大切です。

　資産運用について、概要は理解できた方も実際に始めるのは難しいかもしれません。資料は取り寄せたものの、手続きが複雑で申込みまでできなかったという方も。

　自分に合った資産運用を見つけるのが難しい、手続きのサポートがほしい、そんな時に役立つのが私たちFPなのです。

7. 専門家の活用術

ＦＰ（ファイナンシャルプランナー）

　人生の夢や目標をかなえるために総合的な資金計画を立て、経済的な側面から実現に導く方法を「ファイナンシャル・プランニング」といいます。ファイナンシャル・プランニングには、家計にかかわる金融、税制、不動産、住宅ローン、保険、教育資金、年金制度など幅広い知識が必要になります。これらの知識を備え、相談者の夢や目標がかなうように一緒に考え、サポートする専門家が、FP（ファイナンシャル・プランナー）です。

（日本ＦＰ協会ホームページより）

　FPは大きく分けて「企業系FP」と「独立系FP」がいます。企業系FPは金融商品を取り扱う企業、主に銀行・証券会社・保険会社・不動産会社などに所属し、専門知識を活用してお客様にアドバイスを行っています。

　独立系FPは特定の企業には属さず、個人事業主や法人として独立してＦＰ業を営んでいます。人数的には圧倒的に企業系FPの方が多いのではないでしょうか。私自身もはじめは企業系FPとして保険業に携わり、その後、独立系FPへと転身しました。

それぞれのメリット・デメリットを簡単にお伝えしておきますと、企業系FPは所属している会社や取り扱う商品に関する専門知識が高いのがメリット、反面、違う分野についてはFP自身の学習量や経験によって異なる点がデメリットでしょうか。

　独立系FPはどこにも所属しておりませんので、第三者的立場で中立的に情報を提供し、商品の比較や紹介ができるのがメリットです。ですが前述のように独立系FPはとても少ないので中々、出会えない、中立的なアドバイスを受ける場がないというデメリットがあります。

　ご相談の目的がはっきりしている場合は企業系FPに相談すると詳しい情報を得られるでしょう。例えば家を購入したい、子供が生まれたので保険に加入したいなどです。逆に何から相談したら良いか分からない、どこから手をつけたら良いのか分からない場合は包括的にアドバイスをくれる独立系FPに相談することをお勧めしています。

キーワード

**不安を可視化し、
自分にあった資産運用を！
困ったときは専門家に相談！**

第7章

年代別、セカンドライフの準備

暮らし方・生き方

資産計画・お金

人生観・価値観

1. 年代によって準備すること、できること

実際にセカンドライフを意識する年代は 40 〜 50 代くらいの方が多いかと思いますが、資産設計は早いうちから行っておくと時間を味方にできますので、負担が少なくて済みます。

本節では、ライフプランの変化の多い女性に向けて年代によって準備すること、できることをお伝え致します。

まずはセカンドライフへはほど遠いですが 20 代から見ていきましょう。

20代に準備したい"3つ"のこと

① 体調の変化に備えて、メンタル＆身体のケアを行う
② 資格を取得し、将来にわたり長くできる仕事を探す
③ ライフプランの変化に備えた資金を貯める

① 体調の変化に備えて、メンタル＆身体のケアを行う

遅かれ早かれ、体調の変化は現れてきます。しかし、ケアをしておくことで症状が軽くて済むことも。

例えば、「ランチは手作りお弁当で栄養に気遣う」、「休日はスポーツで身体を動かす」など簡単なことです（それを継続することが難しいのですが、健康的な身体づくりには欠かせません）。

　実は休日の運動量を年代別に計測したところ、20代と70代が同じだったというデータがあります。社会人なりたての頃は心身に気遣うことが少ないのですが、健康がその後の資産となりますので、大切にしてほしいと思います。

② 資格を取得し、将来にわたり長くできる仕事を探す

　これが一番重要です！ "仕事を一生懸命している"ということを表現するのは難しいです。これまでの経験やスキルを可視化できる「資格」を取得しておくことはとても重要です。

　会社に入ってからも、学びの時間を作り、自分のスキルを表現できる資格取得をお勧めします。キャリアアップにもつながり、万が一、今の会社でお仕事ができなくなった場合でも、転職に大いに役立ちます！ そして、将来にわたり長くできるお仕事を探すことも大切です。

③ ライフプランの変化に備えた資金を貯める

お金はいつでも必要になります。女性はライフプランの変化が多いため、それに伴い、お仕事を休んだり、転職が必要になったりすることがあります。

生活環境が変わる時に、お金の心配もしていたら大変ですよね。「ライフプランの変化に備えた資金」として月給2〜3か月分は貯蓄できていると安心です。

20代ではセカンドライフに直結する準備はありませんが、ファーストライフの基盤をつくる大切な時期に必要なことをお伝えさせて頂きました。

30〜40代に準備したい"3つ"のこと

① 女性のリスクに備えた健康管理、保険の準備
② 収入アップのための勉強や副業
③ セカンドライフに備えた資産設計

① 女性のリスクに備えた健康管理、保険の準備

　キャリアアップ、結婚や出産、30〜40代の女性は大忙し。20代の頃より体力面も精神面も少しずつ落ちてきます。ストレスやホルモンバランスの影響もあり、持病が増えてくるのもこの頃からです。

　時間的に忙しい世代ではありますが、やはり健康第一。

　健康だけはお金で買うことができません。つい自分は後回しにしてしまうこともあり、検診に行かれないお母さんも多いのが事実です。

　健康管理も仕事の1つと考えて、食生活や運動、ストレス解消など日頃から取り入れて頂きたいと思います。

② 収入アップのための勉強や副業

近年、少子高齢化の影響により日本の労働人口は激減しています。労働人口は経済において、とても重要な指針です。女性の労働力が必要とされています。

女性の活躍の場は広がったものの、女性の平均年収は増加していないのが現実です。年代を経て、キャリアをつんでも男性とは異なり収入がアップしていないのです。

平均年収が低いということは、もらえる年金額も少ないということ。長生きの女性にとってセカンドライフの年金は重要です！職域だけでなく、収入額の向上が今後さらに期待されます。

収入アップにつながる勉強や資格取得も大切です。または副業などで収入アップすることも可能だと思います。

子育てや親の介護により、これまでと同じような労働条件で働くことが難しい方も多いのです。

自分自身のセカンドライフを考えると収入も確保したい！ でも、時間がないからと諦めていませんか？ 時間が限られている方でも、副業をして自分で「自分の働く場」

を作っている女性がたくさんいます。

30 〜 40 代と大忙しの時こそ人脈があり、パワーもあります。これまでの経験も大いに役立つ世代です。

セカンドライフの収入につながる「何か」を見つけるチャンスがたくさんあります。

③ セカンドライフに備えた資産設計

女性は男性と比べて収入が低いだけでなく、退職金がない方も多いのが現状です。

退職金制度は正規雇用の社員向け制度です。退職金のない非正規雇用者の割合を見てみましょう。図 7-1 では2014 年の非正規雇用者の割合は男女計で 37.4%、女性に至っては 56.7% となっています。

つまり、お仕事をしている約半数の方に退職金がないということですね（もちろん、非正規雇用でも退職金制度を取り入れている企業はあります）。

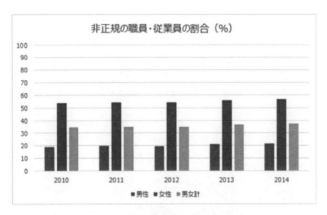

図7-1：非正規の職員・従業員の割合
（総務省統計局ホームページより）

　セカンドライフの生活費で不足部分を補うのは、退職金、私的年金、預貯金等となります。退職金がない分、早めに資産設計をする必要があります。

　マネーセンスを磨いて30代から、40代からでも遅くはありません。どんどん貯めて、増やしていきましょう！

50〜60代に準備したい"3つ"のこと

① パートナー、家族との話し合い
② セカンドライフのプランニング
③ 家の活用法を確認する

① パートナー、家族との話し合い

子育ても終わり、定年も近くなってきた頃です。いよいよセカンドライフについて考えが固まってきたり、今後の生活環境が決まってきたりする時期です。

どのようなセカンドライフを過ごしていきたいか、パートナーやご家族と話し合う時間を少しずつ作ってみてください。大切な方々と話し合うことでご自身の理想のセカンドライフが見えてきます。

②　セカンドライフのプランニング

　ここまでプランニングに必要な情報や気をつけたい点等をお伝えしてきました。50 〜 60 代はご自身の理想のセカンドライフについても明確になってくる時期です。

　しかし、プランニングはあくまで計画です。ご家族の状況やお仕事の変化など、せっかく計画したものから離れてしまうことも。それも想定内だと受け入れてください。

　プランニングは変化があって良いのです。プラスの要素であれば、さらに可能性が広がりますし、マイナスの要素も改善していけば良いのです。

　セカンドライフのプランニングはご自身用の手引きのようなものです。1 つとして同じものはありません。セカンドライフに変化があったときに、ご自身が大切にしたいこと、資産の状況、対策などが分かるだけでも安心材料となります。

1つ事例をご紹介します。

事例⑥ ▶ Tさん（60代：男性）

　今年、退職をされたTさん。セカンドライフについては退職前から計画をしていました。退職金はご自身と奥様の生活費として使っていく予定でいました。

　定年後、2つの出来事が起きました。1つは就職をすると言っていた末子が大学進学を希望したこと。もう1つは親の介護です。いわゆるWケアが一気に来てしまいました。

　今後の収入は見込めない、退職金を使ってしまうと夫婦の生活が苦しくなってしまう、でも進学も介護もサポートしたい……せっかく計画していたセカンドライフが急変してしまったのです。

　会社も退職してしまい、どうしよう？　と不安を抱えてご相談に来られました。もちろん大変な事態ですが、解決していく手順はここまでお伝えした通りです。

まずは不安要素を可視化していきます。

Ｔさんの不安要素
　１）末子の進学費用
　２）親の介護費用、介護の仕方

　まず、末子の進学費用ですが受験費用と入学金までは加入していた学資保険に少しプラスすれば賄えることが試算して分かりました。その後の学費については、ご夫婦の生活費や親の介護費用もあるため、奨学金を受給することに。

　Ｔさん家族に奨学金制度について詳しくお伝えしました。テレビや雑誌などのメディアでは、奨学金が返済できなくなってしまったケースを多く取り上げるのですが、本当に返済ができなくなってしまう方は全体のごくわずかです。

　多くの学生さんが奨学金を利用し、進学することができています。もちろん、大人になってから、しっかり返済もしています。学費を自分で支払うということで、お金の使い方や大切さを早くから学ばれているという現状や実際の返済金額等についてお伝えしました。

次は親の介護費用について検討しました。Tさんのお母様の介護が必要になったのですが、しばらくは在宅介護をすることに。必要なお金はお母様の年金や預貯金で賄えることが分かりました。

　ケアマネジャーさんとの連絡や今後の介護施設への入居など、Tさんができることを明確にすることで今後の計画も立てられるようになりました。

図7-2：介護施設への入居までの流れ

　急に訪れた2つの出来事も、ゆっくりと落ち着いて対策を立てることができました。それもTさんのセカンドライフのプランニングがあったからと言えます。ご自身のプランをご自身で理解できていれば、急な出来事への対策も立てやすくなります。

③　家の活用法を確認する

　さまざまな金融商品で私的年金を増やす、不労所得でセカンドライフに備えるといったお話をしてきました。

　お子様が独立され、ご夫婦だけの生活になった頃、皆さんの頭によぎるもの……それは「この家をどうしよう？」ということです。

　もちろん、ご自宅でセカンドライフを過ごしていくという方もたくさんいらっしゃいますが、一方、家族で暮らしていた家は大きすぎるため、住み替えを検討される方も多いようです。

　しかし、住み替えにもお金がかかるし、住み慣れた家を離れるのも、といったご意見も多くあります。現在、様々な家の活用法がありますので、ご紹介しておきます。

（A）リバースモーゲージ

持ち家を担保とした金融商品の一つで、高齢者世帯が自宅を手放さずに資金調達を行うための手段とされています。家を担保に、老後資金やリフォームなどに必要な資金を借りることができます。

日本では、東京武蔵野市が1981年から実施した「福祉資金貸付サービス」が始まりと言われています。

ちなみに、米国ではリバースモーゲージの導入は1960年代と歴史は深いのですが、定着までに時間がかかったようです。20年遅れて導入した日本でも、定着はこれからといったところでしょうか。

（B）ハウス・リースバック

持ち家を不動産会社や投資家が買い取り、その買主さんにリース料（賃貸料）として家賃を支払うことで、元の持主さんがこれまでと同様に住み続けることができるという方法です。

お申込時の年齢制限がないことや、対象物件も幅広いことから検討される方が増えてきているようです。いずれも家を資金源とするものですが、違いがありますので表 7-1 を参考にしてください。

表 7-1：家の活用例

	リバースモーゲージ	ハウス・リースバック
種別	ローン	不動産サービス（売却＋賃貸）
所有権	家の持主	不動産会社
資金の使用用途	老後資金・リフォーム・施設入居費用等	制限なし
家の売却タイミング	売却希望時、もしくは借入人全員が亡くなられた時	サービス利用開始時
年齢制限	取り扱い金融機関により異なる	年齢制限なし
対象物件	土地付き建物（マンションの取り扱いもあり）	制限なし（マンション、工場、事務所可）

※取り扱い金融機関、不動産会社によって内容が異なりますのでご注意ください。
※リバースモーゲージの対象になるには非課税世帯などの低所得世帯であること、土地の評価額が一定の基準以上などの条件があります。

リバースモーゲージもハウス・リースバックも、家を担保もしくは売却するものなのですが、買戻しは可能です。

注意点：以下にご注意ください

・不動産の価格が通常に売却するよりも低くなることがある

・金利やリース料が高めの設定となることがある

・想定した借入返済期間を超えて長生きした場合の支払いリスクがある

家を活用して資金不足を補えるというメリットもあるのですが、こうした注意点も考慮した上で検討してください。

また、借入金額や売却価格が老後の資金不足をどのぐらい補えるものなのか合わせて試算しておくことも重要です。超高齢化が進む日本では、今後も様々な家の活用方法ができてくるかと思います。

50〜60代はセカンドライフの準備にとても重要な時期と言えます。パートナーやご家族と話し合い、しっかりとセカンドライフのプランニングを進めてほしいと思います。

2. プラスだけでなくマイナスも必要な要素

　理想的なセカンドライフを過ごせるよう、前向きな努力についてお伝えしてきました。しかし、理想に近づけるためにはプラスだけでなく「やめること、諦めること、手放すこと」などマイナスすることも必要になってきます。

　トマトを甘くするために、肥料を与えるのではなく水分を制限する方法があるのはご存知ですか？ お持ちの資産で経費ばかりかかってしまい、セカンドライフには必要ないものがあるかと思います。

　実は手放すことが人間はとっても苦手です。くじで１万円当たった喜びと、誤って１万円を道に落としてしまった時のショックを比較すると、１万円を失ったことの方が大きく心に残ります。

　また、習慣を変えることも苦手なのでセカンドライフに入ってからも、ずるずると続けてしまうとことも多いようです。例えば、人数合わせで行きたくない旅行へ行ったり、付き合いゴルフをしたり、お中元やお歳暮などを送ったり、ファーストライフでは必要と思われていたこともセカンドライフでは不要なものも。

現役時代とは収入が異なります。同じ生活ではありませんので、やめること、諦めること、手放すことも必要なのです。

　私が秘書として仕えていた社長さんはリタイアと同時に年賀状を出すのをやめました。退職を機にご挨拶状を出し、その後の年賀状という習慣を自らストップさせたのです。

　現役時代には仕事仲間や関係会社への年賀状は必要でしたが、セカンドライフにおいては……年賀状をやめたからといって交流がなくなるわけではありません。今でも気の合う仲間とゴルフに行ったり、飲みに行ったりとお付き合いは変わらずあります。

　人間関係や行動範囲を減らすという意味ではありません。セカンドライフに合わせて厳選していくというイメージでしょうか。現役時代と同じでなくて良いのです。

　新たな過ごしやすいセカンドライフのために、マイナスすることも必要なのです。

人生観・価値観

第7章　年代別、セカンドライフの準備

3. 「自分らしく生きる」こと

　健康なうちは「自分らしく生きる」ことは自らの努力や気持ちで追求することができます。しかし、セカンドライフに入ると思うようにできなかったり、病気になってしまったりと自分らしく生きることが困難な場合も出てきてしまいます。そんな時、皆さんの気持ちをくんで行動してくれる方はいますか?

　資産の管理をする方について伺うと、お子様がいらっしゃる方でも「子供には絶対に任せたくない!」という方も多いのです。

　家庭裁判所での相続裁判が年々増えてきています。大切な家族が争うことに……相続が「争続」になってしまった時、"相続裁判"となります。

　「家にはたいした財産がないから大丈夫」
と言われる方もおりますが、財産が少ないからこそ争続になってしまうのです。

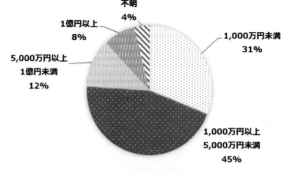

図7-3：相続裁判の相続金額別の内訳

　図7-3のように最高裁の調査結果では、相続での裁判は相続財産額5,000万未満が76％と大半をしめています。

　これが意味していることは何でしょうか？

　資産があるご家庭ほど、事前に相続対策をしているのかもしれません。逆に資産が少ない程、残された家族による争いが多いことを示していませんか。

　残された家族が争続をしないよう、もめないポイントは数々あります。事前に対策することで、もめ事を軽減できます。

＜争続を回避するための対策例＞
・資産を分配しやすいよう現金化しておく
・受取人を指定できる生命保険の活用
・税理士やFPに相談しておく
・成年後見制度を利用して財産を管理する
・財産管理の代理人をたてておく
・遺言を準備しておく

　日本では分割しづらい不動産を所有している方が多いことから、争続になる例が増えています。資産を不公平感なく分割できるよう現金化や保険を活用するなどの対策をとることが重要です。

　家は長男に相続する、と決めたとします。他の相続人である次男や長女がいた場合、「長男だけが相続してる！」と一気に揉め事に発展します！

　このような争いをなくすために、例えば次男には株を、長女には保険が受け取れるよう相続対策をしていたらどうでしょう。きちんと３人のことを考えてくれていたのだと子供たちは感じ、「争い」ではなく「話し合う」ことができるようになります。

資産分割などは専門家の知識を得ながら行うとスムーズ
です。節税対策などのアドバイスも受けることができます。

　争続にならないよう事前に税理士やFPに資産管理や相
続について相談し、対策をたてておくことをお勧めします。

人生観・価値観

第7章 年代別、セカンドライフの準備

また、資産管理については次のような制度を利用することもできます。

成年後見制度（せいねんこうけんせいど）

　認知症、知的障害、精神障害などの理由で判断能力の不十分な方々は、不動産や預貯金などの財産を管理したり、身のまわりの世話のために介護などのサービスや施設への入所に関する契約を結んだり、遺産分割の協議をしたりする必要があっても、自分でこれらのことをするのが難しい場合があります。

　また、自分に不利益な契約であってもよく判断ができずに契約を結んでしまい、悪徳商法の被害にあうおそれもあります。このような判断能力の不十分な方々を保護し、支援するのが成年後見制度です。

（法務省ホームページより）

　高齢化に伴い、認知症になる方も年々増加しています。自己判断ができない場合、所有する金融資産の管理等もできなくなってしまいます。

　成年後見制度を利用して財産を管理したり、必要な介護サービスや施設への契約などを行ってもらったりすることができます。

１つ事例をご紹介します。

事例❼ ▶ Ａさん（80代：女性）

　いくつかの高齢者施設を見学し、気に入った施設への入居を決めたＡさん。入居一時金（約1,000万円）は所有していた株を売却し、支払おうと決めていました。

　しかし、骨折で入院した際、血栓が脳へ。脳梗塞になり、その後、認知症を患ってしまいました。

　株は契約者ご本人でないと売却ができません。ご家族も1,000万円という高額の入居一時金を準備することができずに在宅介護をすることになりました。

　この事例の場合、本人に代わって株の手続きができる「代理人登録」を事前に実施しておくことが対策として必要でした。代理人登録をしておくことで、いざという時に株の管理や売却等を行うことができます。

　証券会社や取り扱い機関により手続き方法等が異なりますので事前に情報収集を行うこともお勧めしています。

最後まで「自分らしく生きる」と思って準備していたことも、病気などでできなくなってしまうことがあります。

　Aさんもご家族に迷惑をかけたくないと、ご自身で資金も準備され、気に入った施設での暮らしも楽しみにしていたのです。予期せぬ事態に備えるために、金融資産の「代理人登録」や「成年後見制度」は検討しておくと良いかと思います。

　最期の時まで、「自分らしく生きる」ことができたかできなかったかで残されたご家族の気持ちも大きく変わってきます。

　また、遺言を準備することで資産の分配や管理についてご本人の意向を残すことができます。エンディングノートや生前供養など、一時の終活ブームは過ぎ去り、今では皆さんそれぞれが自分自身にあった最期は？　と考え、情報収集をされています。

　皆さんはご自身の遺言を書いたことはありますか？

> ### 遺 言
>
> 　人が自分の死後、その効力を発生させる目的で、あらか
> じめ書き残しておく意思表示。遺言が法律上の効果を生じ
> るためには，民法の定める一定の方式に従ってなされるこ
> とを要する（→ 遺言証書。960条）。遺言でなしうる行為
> は、認知、後見人の指定、相続人の廃除、遺贈、寄付行為、
> 相続分（→ 相続）の指定、遺産分割方法の指定、そのほか
> 法律で定められているものにかぎられ、それ以外の事項に
> 関するものは法的効果を生じない。
>
> （ブリタニカ国際大百科事典より）

説明の通り、遺言は意思表示となります。

家はこうしてほしい、ペットは○○さんに飼育してほし
い、財産の50％は△△財団に寄付してほしい、など様々
です。

その方がこれまでお世話になった方へ遺されるケースや
ペットのように今後お世話になる方へ遺されるケースが多
いと聞いております。

家計の見直しの場合は、ライフイベント（就職、結婚、家の購入、出産、退職など）に変化のあるタイミングで行うのですが、遺言を書くタイミングはいつが良いのでしょうか？

　公正証書遺言を依頼される方は 60 歳代から増えてくるそうです。確かに、後世に残したい財産などが形成されるのは定年に近い年齢とも言えるのかもしれません。

　しかし、30 歳代でも 40 歳代でも大切なものは、たくさん所有しているはずです。お若い方でしたら、健康診断の節目検診のように 30 歳、35 歳、40 歳などで書いてみるのも良いかもしれません。

　現に、リタイアされた方々は還暦、古希、喜寿など、節目の年に書かれているそうです。

遺言には３つの種類があります。

表 7-2：遺言の種類

	自筆証書遺言	公正証書遺言	秘密証書遺言
費用	ほとんど掛からない	公証役場手数料 証人依頼代	公証役場手数料 証人依頼代
証人	不要	二人必要	二人必要
家庭裁判所の検認	必要	不要	必要
メリット	いつでも簡単に書くことができる	公証人が作成する為、 無効な遺言書となることが少ない	作成日が特定できる 内容を秘密にできる
デメリット	要件が満たない場合、 無効となる可能性がある	作成時に費用が掛かる	要件が満たない場合、 無効となる可能性がある

①　自筆証書遺言

自分で遺言の全文・氏名・日付を自書し、押印する

②　公正証書遺言

本人と証人２名で公証役場へ行き、本人が遺言内容を口述し、それを公証人が記述する

③　秘密証書遺言

本人が証書に署名・押印した後、封筒に入れ封印して公証役場で証明してもらう

　遺言書には決まった様式（フォーマット）はありませんが、内容の書き方には要件や形式があります。要件を満たせず無効になってしまう場合がありますので注意が必要です。

まずは、メモ書きから始まり、自筆証書遺言を書いてみるのも良いかもしれません。最終的には費用はかかりますが、一番、有効性が高く安心・安全な遺言になる公正証書遺言を準備されるのが良いかと思います。

　私も以前、遺言を書いたのですが、遺言を書いてみるといくつかの気づきがありました。「家はどうしようかな」「書籍はどこへ寄付したら良いかな」「会社はどこが安定して引き継いでお客様を大切にしてくれるかな」など、これから考える課題もたくさん見つかりました。

　遺言を書くことで、これまで大切にしてきた人や物を改めて確認し、今とこれからの生き方を大切にしたいという想いを与えてくれるという効果もありました。

　「遺言」と聞くと、硬く、暗く、重たいイメージが私はあったのですが、一度、書いてみることで、そのイメージは払拭されました。

　解決しなくてはいけないこと、これから対策を取らないといけないこと、様々なことが分かります。同時に、自分自身や自分を取り巻く環境に感謝する気持ち、これからやるべきことなどが見えてきます。

よく、お墓の準備をすると長生きすると言われます。不安やストレスが解消し、ホッとすることで穏やかな時が過ごせるのかもしれません。遺言もその１つです。メモ書きするだけでも、その後の生き方や暮らし方に影響を与えてくれます。

　セカンドライフに入ってから、病気になってからではなく、健康なうちに、節目の年に書いてみるのも良いでしょう。最期まで「自分らしく生きる」、そして亡くなった後も自分らしさが遺せたら──

キーワード

セカンドライフこそ
More simple, More valuable

第8章

気持ちの豊かさ

暮らし方・生き方

資産計画・お金

人生観・価値観

1. ファーストライフとの違い

図 8-1 は、夫が 65 歳以上、妻が 60 歳以上の世帯と 65 歳以上の独り暮しの男女を対象にしたアンケートです。

「老後の不安は何ですか？」という質問に対し、1 位は病気、2 位は介護、3 位は病気や介護になった時のサポートについてでした。

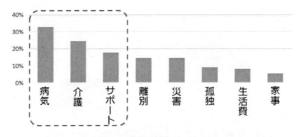

図 8-1：老後の不安に関するアンケート結果
（総務庁調査）

トップ 3 に備えるには、やはりお金と健康が大切なことが分かります。しかし、不安を抱えて生きている方だけではありません。実際にセカンドライフを過ごされている方とお話すると皆さんパワフルで笑顔！こちらの気分が上がってしまう程、お元気なのです。

事例 ⑧ ▶ Kさん（70代: 女性）

　英会話スクールで講師を務めるKさん。一度は
お仕事を辞めていたのですが、ご縁があり、また
講師としてお仕事をすることになりました。何も
していなかった期間はとても退屈だったそうです。

　復帰後、さらにご自身の英語をブラッシュアッ
プしたいと思い、長期のお休みを利用して海外へ
短期留学！ しかも、滞在先はご自身でインター
ネット予約！ 現地の食材を買って、調理をするの
も楽しいそうです。素敵な現地のお宅での生活を
送る、とても充実した短期留学をされています。
70代を過ぎても、よりパワフルに、より活動的
な生活を送られています。

人生観・価値観

第8章　気持ちの豊かさ

　Kさんは持病をかかえながら、身体の不調ともうまく付
き合って生活をされています。何故、短期留学をされてい
るのですか？ と伺ったところ、日本の教材にはない単語
や言葉の言い回し、ニュアンスなどが学べるそうです。

　生徒さんによりリアルな英語、生きた英語を教えたいと
いうKさんの講師魂に感激しました。こんなに楽しそうに、
そして真剣にお仕事をしているKさんは私の目標です。

事例⑨ Ｉさん（70代：男性）

　熱海でお蕎麦屋さんを営むＩさん。以前は別の
お仕事をされていたのですが、ご実家のお蕎麦屋
さんの経営を支えるために50代で蕎麦職人に転
身。十割蕎麦を打つのに大変な努力をされたそう
です。持病の糖尿病はお薬で調整していましたが、
60代後半、リンパがんを患ってしまいました。治
療法がないタイプのがんということで、日頃から
食事や運動などで体調を整えるしかありません。

　しかし、十割蕎麦がＩさんの身体をサポートし
てくれているとのこと。土壌改良された土で育っ
た蕎麦はアミノ酸がたくさん含まれています。ど
んな薬よりも効く、天然のサプリなんですよ！と
Ｉさんは笑顔で話します。暑い日も寒い日も一生
懸命働けるのは蕎麦や、この蕎麦を美味しいと食
べに来てくれるお客様のお陰だと仰っていました。

　今日食べたものが明日のパワーに、今年食べたものが来
年の身体に、私たちの身体は口から入れた食べ物からでき
ています。食を通じてお客様に健康とパワーを与えてくれ
るＩさん。お蕎麦の美味しさが全てを語っています。

ファーストライフとセカンドライフは違いがあります。健康だった身体も少しずつケアが必要になります。できていたことが、難しくなることも。

　しかし、事例の方々のように病気と付き合いながら仕事や生活を楽しんでいられる方も沢山いらっしゃいます。

　「自由な時間」を手に入れるセカンドライフ。ファーストライフにはできなかったことがセカンドライフにはできます。

　会社へ行く時間、働いていた時間が全て自由な時間になります。家族との時間が増えます。お付き合いする人たちも変わります。

　収入に限りはありますが、お金だけではない「何か」を手に入れて、清々しく、楽しく生きるセカンドライフ。ファーストライフとの違いを楽しんで過ごしてほしいと思います。

人生観・価値観

第8章　気持ちの豊かさ

2. セカンドライフに必要なもの、コト、場所

　自由って意外と難しいと思いませんか？　自由に時間を使っていいよ、自由に暮らしていいよ、と言われると何からすれば良いか分からない、といったことも。

　退職後の男性が過ごしている時間が一番長い場所はどこだかご存知でしょうか？

　答えは「テレビの前」です。

　なんとも悲しい、でも想像できますよね。退職後は何をして良いのか分からない、生活習慣が変わってしまったとセカンドライフに戸惑う方も多いのです。

　まずはご自身が「幸せを感じるもの、コト、場所」をイメージして頂き、それに「必要なもの、コト、場所」を考えていくと良いでしょう。

例えば……

表8-1：セカンドライフに必要なもの（筆者の場合）

	もの	コト	場所
幸せを感じる	映画、ショッピング、マッサージ	家族や友人との食事	旅、キャンプ（自然の中）
必要な	楽しむ為のお金	楽しい話題作り趣味、仕事	健康管理（ジム、ヨガ等）

　ファーストライフでは仕事が生きがいの私ですが、セカンドライフは、自分の好きなことや趣味が中心の生活が理想であることが分かりました。

　それに必要なものとしては、やはりお金、趣味や仕事、そして自分自身の健康です。必要なものやコト、場所を意識してファーストライフの間に準備すれば良いのです。

　ファーストライフにやりたくてもできなかったこと、じっくり楽しみたいもの、時間を気にせず行きたい場所などイメージすると出てくるかと思います。

　それに必要なことは何か？ 楽しみながら考えてみてください。

それとは逆に、不必要なものをなくす、無駄をなくす作業も進めなくてはいけません。

お金は無駄遣いすると、あっという間に手元から消えてしまいます。皆さんも、ついつい買いすぎてしまったり、買ったけど1度しか使わなかったり……心当たりがありませんか？ お部屋の中を整理すると、これまで買った無駄な物が出てきます！

一時期、ブームとなった「断捨離」ですが、無駄をなくすことで空いたスペースに幸せが入ってくるそうです。

何もしないままでいると……

お盆や暮れにご実家へ帰られると、家の中に物があふれかえっていませんか？ 大事な物だからと中々捨てられない、その気持ちも分かります。

ですが、ご自身で片付けない場合、ご家族もしくは第三者が片付けることになります。大切なご家族の物なので、捨てるに捨てられない、けれども置き場所がないため、レンタルコンテナで保管されている方もいらっしゃいます。

また、現在ではご家族で物の整理や処分ができない場合、業者さんに頼むことができます。ごみの処分から清掃まで行ってくれるので大変助かることなのですが、その分、費用はかかります。

> **＜家財処分：料金の目安＞**
>
> 賃貸アパート等1K　　約　４万円〜　９万円
> マンション等2K　　　約　９万円〜17万円
> 戸建て3K　　　　　　約21万円〜30万円

○今からできること
　・シンプルライフを心がける
　・物を減らす努力
　・大切なものを引き継ぐ

　何事にも言えることですが「備えあれば患いなし」です。ご高齢になってから、家を片付け、引っ越しをし、ご家族に引き継ぎ……と行うことは体力的にも精神的にも大変なことです。

　大切な物や家を、ご家族へ大事に継承していくためにも早めの対策を取られることをお勧めしています。

3. 気持ち豊かに暮らせるために

　定年後の数年〜10年くらいは退職金もあり、健康面の不安も少ないことから、これまでと同じようにお金を使ったり、活動したりすることができます。

　しかし、年々通帳の残高は減り、健康面に不安が出てくるように……そうなってから働き出す、資産運用し始めるでは遅いのです。

　これまでお伝えしてきたお金の貯め方や増やし方、資産運用などを参考に、今から少しずつセカンドライフの準備を進めてほしいと思います。

　長い長いセカンドライフを自分らしく生きていくために──

　セカンドライフを大いに楽しんで暮らしている先輩方がたくさんいらっしゃいます。共通して言えること、やはり健康です！　よくお食事も召し上がり、よく活動し、毎日アクティブな生活を過ごされています。

　平均寿命だけでなく、健康寿命も延びてきています。

図 8-2：健康寿命を延ばす方法

健康寿命を延ばす方法は３つあります。

① 栄養バランスの良い食事を摂りましょう
② 適度な運動を習慣化しましょう
③ 生活リズムを整えましょう

セカンドライフの身体には様々な不調が出てきてしまいます。健康寿命を延ばす方法は、今からでもできることばかりです。そして、大きなお金はかかりません。日常で気をつけることばかりです。

身体も精神面も活き活きと過ごすには何が必要なのか、ファーストライフのうちからイメージし、そして準備しておくことが必要です。

気持ちの豊かさ、心の健康があると、いつまでも活き活きとした生活を送ることができます。

　セカンドライフに入られてから、新たに学び始める方もたくさんいらっしゃいます。好奇心や探究心はその方の身体も生き方も前向きに、パワフルにしてくれます！

　セカンドライフを考える上で、最後にこの「気持ちの豊かさ」をお伝えさせて頂きました。それは、すでに活き活きとセカンドライフを過ごされている先輩方から私が学んだ大切なことです。きっと皆さんのまわりにも元気いっぱいの先輩方がいらっしゃるはずです。

　皆さんはどのようなセカンドライフを送りたいですか？

キーワード

理想のセカンドライフを過ごすために心と身体の健康を！

付録

セカンドライフMEMO

セカンドライフに必要なことについて
書き出せるメモとしてお使いください。

第1章：はじめてのセカンドライフ
「あなた自身がセカンドライフのクリエーター！」

■あなたのセカンドライフはいつから？

　　　　　　年　　　月〜

■どんな日本になっていると思う？

_____
_____
_____
_____
_____

■セカンドライフの不安は？

_____
_____
_____
_____
_____

第2章：理想的なセカンドライフの暮らし

「将来の夢を考える子供のように、
理想的なセカンドライフをイメージしてみて！」

■理想的な暮らし方は？

■どこで過ごしたい？ 暮らしたい？

■どのように生きていきたい？

第3章：セカンドライフに必要なお金

「セカンドライフを理想に近づけるには
　自助努力が重要です！」

■年金は月いくら？（ねんきん定期便を参照）

月 _____ 円

■預金はいくらぐらい貯まりそう？

総額 _____ 円

■退職金は　ある？　　ない？

ある場合 _____ 円

■私的年金はある？　　ない？

_____

_____

_____

_____

_____

第4章：投資の必要性

「学びに遅いということはありません。今から投資を学び将来の資産計画に取り入れてみましょう！」

■これまで投資してきた商品、自分への投資

_____
_____
_____
_____

■今後、投資したい商品、自分への投資

_____
_____
_____
_____

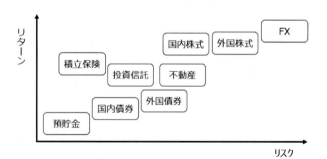

第5章：セカンドライフを支える不労所得
「セカンドライフにもお金が入ってくる資産設計を！」

■不労所得はある？　　ない？

_____

_____

_____

_____

_____

■分散投資はできている？

現金・預貯金	投資信託	株式	保険・年金

■副業や起業に興味は　ある？　　ない？

_____

_____

_____

_____

_____

第6章：目標・目的の可視化

**「不安を可視化し、自分にあった資産運用を！
困ったときは専門家に相談！」**

■お金のバランスはどうですか？

「増やす」お金 _____

「使う」お金 _____

「守る」お金 _____

■セカンドライフのお金を可視化してみよう！

CHECK 1．支出の確認

① 生活費の確認 _____ 円

② 税金、保険料の確認 _____ 円

③ 医療費（生命保険）の確認 _____ 円

　試算した①〜③の合計額がセカンドライフの支出となります。

合計額 _____ 円／月……（A）

CHECK 2．収入の確認

「ねんきん定期便」で年金額を確認します。

年額で書いてありますので 12 ヶ月で割ってください。

（年金は 2 ヶ月毎に支給されます）

年金額÷12 ヶ月　＝　_____ 円／月……（B）

CHECK 3. 資産の確認

お持ちの資産を確認します。

退職金（予定）、預貯金を合計します。
- 退職金 _____ 円
- 預貯金 _____ 円
- その他 _____ 円

合計額 _____ 円……（C）

CHECK 4. セカンドライフの支出入のシミュレーション

① 支出と収入の比較

支出の合計から年金（月額）を引き、毎月の不足金額を算出します。

計算式：（A）−（B）＝ 不足金額……（D）

支出の合計		年金（月額）		不足金額
_____万円	−	_____万円	＝	_____万円

② 不足金額のカバー年数

　現在の資産合計を不足金額で割り、カバーできる年数を算出します。

計算式：（C）÷（D）÷12ヶ月＝カバー年数……（E）

資産合計　　不足金額　　　　　　カバー年数
＿＿＿＿万円 ÷ ＿＿＿＿万円 ÷ 12ヶ月 ＝ 約＿＿＿年

③ セカンドライフに必要な金額の算出

　現在の資産で生活可能な年齢を算出します。

計算式：退職年齢 ＋（E）＝生活可能年齢……（F）

退職年齢　　カバー年数　　　生活可能年齢
＿＿＿＿歳 ＋ ＿＿＿＿年 ＝ ＿＿＿＿歳

仮に 90 歳まででシミュレーションした場合、資産不足年数は以下となります。

計算式：想定寿命 －（F）＝　資産不足年数……（G）

想定寿命　　生活可能年齢　　資産不足年数
90 歳　－　＿＿＿＿歳　＝　＿＿＿＿年

　現在の資産にプラスして、どのぐらい貯蓄すれば良いのか算出してみましょう。

計算式：（D）× 12 か月 ×（G）＝　貯蓄目標

不足金額　　　　　資産不足年数　　貯蓄目標
＿＿＿万円 × 12 ヶ月 × ＿＿＿＿年 ＝ ＿＿＿万円

セカンドライフに必要な金額が算出できたら、貯蓄額の目標にしてください！ 貯金だけでは難しい場合は投資や不労所得など新たな資産計画を立てていきましょう。

■保険のセルフチェック！

　○医療保険

　　保険期間は終身になっている？

　　通院の保障はある？

　　手術保障の金額　　　手術給付金　　　　　　　　円

　　セカンドライフの保険料　保険料　　　　　　　円

　○がん保険

　　保険期間は終身になっている？

　　診断給付金はある？　　診断給付金　　　　　　円

　　手術給付金は何年ごとに出る？　　　　　　年ごと

　　セカンドライフの保険料　保険料　　　　　　　円

　保険の支払い期間は？　　　　終身　　　歳まで

　保険の支払い方法は？　　　　＿＿＿＿＿＿＿

■所有資産を確認しましょう！

資産	価格（価値）	価値の増減	リスク
不動産（自宅）			
現金・預貯金			
株・投資信託			
保険			
その他			

第7章：年代別、セカンドライフの準備

「セカンドライフこそ
More simple, More valuable」

20代に準備したい"3つ"のこと

① 体調の変化に備えて、メンタル＆身体のケアを行う

② 資格を取得し、将来にわたり長くできる仕事を探す

③ ライフプランの変化に備えた資金を貯める

30～40代に準備したい"3つ"のこと

① 女性のリスクに備えた健康管理、保険の準備

② 収入アップのための勉強や副業

③ セカンドライフに備えた資産設計

50～60代に準備したい"3つ"のこと

① パートナー、家族との話し合い

② セカンドライフのプランニング

③ 家の活用法

※それぞれの年代で準備したいことについてセルフチェックしてみてください。

セルフチェックmemo

第 8 章：気持ちの豊かさ
「理想のセカンドライフを過ごすために」

■あなたのセカンドライフに必要なものは？

	もの	コト	場所
幸せを感じる			
必要な			

■あなあたのセカンドライフにいらないものは？

_____

_____

_____

■最後に、理想的なセカンドライフについて気づいた点、
　感じたことなど自由に書いてみてください☆

_____

_____

_____

お疲れ様でした。
今後も定期的にセルフチェックとしてご活用ください☆

おわりに

　私が個別カウンセリングで大切にしていること。それは単なる「お金の相談」ではなく、1人ひとりの人生観や価値観を大切にしたカウンセリングをすることです。

　それは当たり前のようで中々できないことだと言われますが、心理学を学んだ私にとっては、自分自身の価値観で相手を見ないことが重要だと考えています。

　お客様がどのように人生設計を考えているか、何を大切にしたいかでお金の使い方も資産設計も変わってきます。私たちFPはお金の専門家としてお客様の考えや価値観を大切にしながらアドバイスしていくのです。

　ファーストライフは社会的役割がある程度、決まっています。働き方としては労働者、経営者、投資家、家庭では父、母、息子、娘など役割を担って生きています。

　では、セカンドライフは？社会との関わり方も変わり、家族の年齢や暮らし方も変わり、自分自身が何を望んでいるのか、急に考えることは意外と難しいものなのです。

この本をきっかけに、ご自身がどう暮らしていきたいのか、そのために必要な準備は何か、1つでも実行できることが見つかれば幸いです。

　セカンドライフを考えるということは、今のファーストライフをどう生きていくかを考えることにもつながります。長いながい人生です。より皆さまが心豊かに暮らせるよう心から祈っています。

　そして最後に――

　既にセカンドライフに入っているはずの70代の母はまだ現役で仕事をしています。60代を過ぎた頃からは身体の不調を抱えながらも。いつも働いている母の背中を見て育ちました。

　そろそろ母のセカンドライフも考えなくては……母の理想のセカンドライフ、まずはこの本を読んでもらい、一緒に考えていきたいと思います。

　　　　　　　　　　　　　　　　　　　　　　藤井　亜也

女性FPが作ったやさしい教科書

今からはじめる
理想のセカンドライフを叶える
お金の作り方

2019 年 1 月 15 日　初版発行
2019 年 1 月 15 日　初版 第 2 刷発行

著　者	株式会社 COCO PLAN
	代表取締役社長　藤井 亜也
イラスト	中尾 明日香
定　価	本体価格 1,700 円＋税
発行所	株式会社　三恵社
	〒 462-0056 愛知県名古屋市北区中丸町 2-24-1
	TEL 052-915-5211　FAX 052-915-5019
	URL http://www.sankeisha.com/

本書を無断で複写・複製することを禁じます。
乱丁・落丁の場合はお取替えいたします。
© 2019 Aya Fujii　978-4-86487-966-8 C0033 ¥1700E